神仏分離を問い直す

神仏分離150年シンポジウム実行委員会 編

法藏館

〈目　次〉

シンポジウム開会にあたって

山口大学人文学部の高木でございます。開会の挨拶は、誠に分に過ぎる任務で恐縮しております。しかし我が池田先生からの依頼であり、真木先生も登壇され、さらに人文のある教員のお師匠であられる島薗先生もご講演されるという因縁浅からぬイベントですので、とてもお断りはかなわず、非力を顧みずに、ほんの少し挨拶をさせていただきます。

まず、木村老師をはじめ、シンポジウムの企画や準備をされた皆様方、後援をいただきました山口県の仏教団体の皆様、そのほか御尽力を賜りました全ての方にとって、無事、開催の運びに至ったこと、大変喜ばしく存じあげます。人文学部といたしましては、その喜びをお裾分けいただくだけで精一杯です。

私は西美濃の浄土真宗末寺の二男であり、本来、僧侶になっても、また仏教を研究してもよい環境におりましたが、何の因果か、中国学を専攻しております。しかも易と仏教と甲骨文の研究は、時間を費やすだけで成果が出ないという、いささか功利的な暗黙の了解に従い、ずっと仏教を避けてきました。過日、頼山陽《らいさんよう》の文章を読むことがありましたが、「道家は生を貪り、仏教は死にこだわり、我が儒学は生死は天に委ね人事を重んずる」と論じられていました。私はまさにその人事にこだわり、儒学を中心に勉強しています。大学生になった頃、親の手伝いで、お経を読むために近くのお寺へ出かけた時、老僧から何を学んでおるのかと問われ、中国学ですと答えると、外道だな、と冷ややかにいわれた、それをやり続けております。

こういう次第で、仏教には全くの門外漢ですが、その教義も儀式も習俗もきわめて複雑であるということだけは、よく理解しているつもりです。父親の話によれば、私の生まれた寺は、室町の末には曹洞宗の道場でしたが、信徒が一向宗に改宗したため、僧侶もそれにあわせて改宗したとのことです。この改宗は、私の先祖が、内面的な葛藤を経て苦渋の選択をした結果であったのか、檀信徒のため、今流にいえば民主的な立場で積極的に改宗したのか、それとも時代の転換のなかで状況に流された保身のための改宗であったのか、わかりません。末裔としましては、最後の理由による選択であれば、やや残念ではありますす。おそらく、それも含めて全てが要因であったのかもしれません。このようにいろいろと興味の湧く伝承ですが、史料が残っておらず、全ては想像の域を出ません。しかし、仏教の歴史はきわめて複雑だという一つの例になるのではないでしょうか。

本日は、一五〇年前の神仏の分離について、その道の専門家が、それぞれの観点から縦横に論じ、新たに捉え直そうとのことです。また仏教界の方々も議論に加わられ、直接的な問題や課題が明らかになるのはもちろん、必ずや現代社会、さらには我々の脚下を深いところから、おそらくは批判的に照らし出していただけるのではないかと密かに期待させていただいております。

シンポジウムの成功をお祈りして、挨拶とさせていただきます。

山口大学人文学部長　高木智見

基調講演

明治初期の宗教政策と国家神道の形成

神仏分離を中心に

島薗　進

島薗　進（しまぞの　すすむ）
一九四八年東京都生まれ。東京大学文学部宗教学科卒業。同大学院人文科学系研究科博士課程単位取得退学。東京大学大学院人文社会系研究科名誉教授。現在、上智大学大学院実践宗教学研究科教授、同グリーフケア研究所所長。主な研究領域は、近代日本宗教史、比較宗教運動論、死生学。主な近著に『国家神道と日本人』（岩波新書、二〇一〇年）、『現代宗教とスピリチュアリティ』（弘文堂、二〇一二年）、『日本人の死生観を読む――明治武士道から「おくりびと」へ』（朝日選書、二〇一二年）、『宗教を物語でほどく――アンデルセンから遠藤周作へ』（ＮＨＫ出版新書、二〇一六年）など。

◇神仏分離の前と後

皆さんこんにちは。今日は明治維新にどういうことが起こったかについて、私が専門にしておりますことからお話をしたいと思っております。まず日本の宗教施設を見た場合に、明治維新以前と以後とでどこが変わったのかをいつも注意していないとわかりません。例えば現在、京都の八坂神社は祇園祭の中心施設ですが、明治維新前は祇園感神院といっていました。お寺か神社かよくわからないという感じです。祭神は、今は素戔嗚尊《すさのおのみこと》ということになっていますが、かつては牛頭天王《ごずてんのう》といっていたのです（図1）。祇園大明神ともいい、そのような神様だからこそ威力があるという祇園です。この牛頭天王はどこの神様かというと、インドからあったのか、それともインドから中国に渡る途中で出てきたのか、その伝来がはっきりとしておりませんが、日本にやって来ました。

「日光を見ずして結構と言うな」という日光は東照宮で今は神社ですが、輪王寺があり、神仏一体でした。これが明治維新の時に分かれていまだに争っております。さらにもうちょっと山のほうへ上がっていきますと中禅寺湖があり、中禅寺湖といいますから中禅寺というお寺があるわけですが、今、中禅寺は小さなお寺になっていまして、二荒山神社《ふたらさん》のほうが立派です。

「日光」の元は「二荒」だったのです。また金毘羅《こんぴら》さんは象頭山《ぞうずさん》金毘羅大権現《だいごんげん》といい、歌にもなっていますが、この金毘羅とは何かというと、クンビーラというインドのワニの神様だったのではないかと推測されています。江戸時代にたいへん流行り、漁民の信仰になりましたが、今はどうなっているかというと神社が中心となっています。山の信仰は神仏習合だったのを無理やり分けたので、お寺と神社の棲み分けがとても難しくなっています。日光もそうですし、金毘羅さんもそうですし、羽黒山のような修験《しゅげん》の盛んだった所は明治維新以後に大きく変化してしまいました。

皆さん、京都の伏見稲荷《いなり》というとお寺でしょうか、神社でしょうか。赤い鳥居がありますから神社だと思っていますが、豊橋の豊川稲荷は曹洞宗のお寺です。それから最上稲荷は、岡山県の日蓮宗のお寺です。稲荷は秦氏が造った伏見稲荷が元で、その姿はなかなか変わっております。普通、稲荷というと稲を担いでいる男の姿ですが（図2）、ネットで稲荷の姿を調べるとだいたい女性が狐に乗っています（図3）。この女性は荼吉尼《だきに》天というインドの神様で、女神ということになります。伏見稲荷へ行かれましたら、メインの神

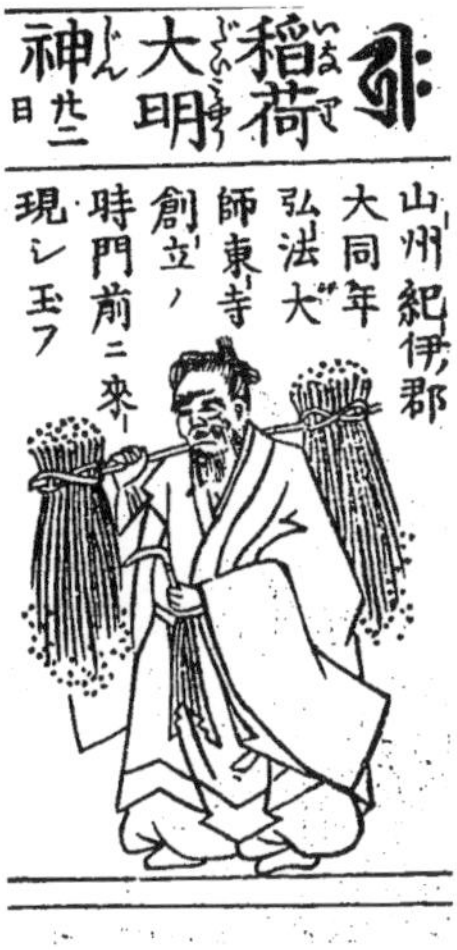

左：図1　祇園大明神、中央：図2　稲荷大明神、右：図3　吒枳尼天
いずれも『仏像図彙巻三』（国立国会図書館デジタルコレクション）より

社の後ろ側に行ってみるとものすごく面白いといいますか、山がありまして、その山にたくさんのお塚があります。小さな鳥居をつけた社殿のような祠が何千とあります。何万かもしれません。

◇伏見稲荷と秋葉神社

これはいつできたかというと明治維新以後にできました。お塚といえば普通、土が盛ってあるような場所を考えます。もともと伏見稲荷の伏見山というのは稲荷山であちこちに小さな祠のようなものがあって、あの世とこの世を行き来する動物として狐が想像されています。稲荷の神様は何かというと、蛇のイメージもあります。

では明治以前はどうだったかというと、愛染寺というお寺が全体を管轄していました。しかし、明治維新の時に神道か仏教かどちらかに属さないといけなくなりました。伏見稲荷は神社になったのですが、伏見稲荷の下にいた、たくさんの行者さんとかご祈禱をする人は、仏教だとうまく統括されていましたが、それが神道に変わると、新たにどこへ所属するかという問題が起こってきました。後で申しますが、ある時期には教派神道にかなりの程度が入りましたので、伏見稲荷はそれ以後にたくさんの信者さんを組織しなおしたのです。それまでお寺が統括していたものを、新たに講の組織を作りなおして、そういう人たちがこのお塚を造ったのです。江戸時代と明治以降では全く姿が変わってしまったわけです。

また、静岡県は遠江国《とおとうみのくに》に秋葉《あきは》山があります。火伏せという火事を防ぐ神様で、元は三《さん》尺坊《じゃくぼう》といいます。三尺坊大権現という実在のお坊さんが、越後で修行して不動明王の行を修め、それが観音様の化身ということで近世以降から神様になって、あちこちに講ができるようになったということです。

私、前からよくわからなかったのは、東京に秋葉原という所があります。秋葉、原、なのですが、アキバ（秋葉）神社と関係があるわけです。ですからアキバハラじゃないかなと思っていたのですが、秋葉原は明治の初年に大きな火事があり、そこに秋葉山の神様三尺坊を勧請《かんじょう》して火事を防ぐ祠ができたのです。そして火事にならないようにということで、その周りを原っぱにしました。それでアキバではなくアキハというのです。アキハ神社ともいうので、アキハバラという名前になっているということです。ですから東京の秋葉原にある秋葉神社は明治の初めにできたということになります。

その元の秋葉山はどうなっているかというと、明治維新の時に僧侶と修験と禰宜《ねぎ》とのたいへんな争いが起こりました。お坊さんと神職である禰宜との間に修験がいて、この修験がどっちにつくかということで、今までは僧侶のほうが上位にいたので、禰宜は僧侶から独立して僧侶を追い出し、一方、それに対して僧侶はまたそれを取り返し、そうするうちに明治新政府とつながっている、神道の思想に近い小国重友という国学者が来て、禰宜を戻して僧侶を追い出しました。それで修験の多くは還俗《げんぞく》して神官になりました。このような混乱が、明治の初年にあちこちで起こったということになります。秋葉山もかつてはそのようなことがありました。今は仏教の部分を代表する曹洞宗の可睡斎《かすいさい》というお寺が山の下へ移り、上には秋葉神社・神道があるということになっております。三尺坊は可睡斎に移り、もともとは一体だったものが秋葉神社と可睡斎の二つに分かれてしまいました。

◇祭政一致の布告

そこで、こうした動きが起こる前に維新政府がどのように命じたかというと、いくつか法令が出ておりますが、まず一八六八年、まだ慶応ですぐに明治になりますが、維新早々に王政復古、これは武士の政治を天皇の政治に戻す、神武創業つまり神武天皇の時に戻すということになります。神武天皇の時は神道の祭政一致だったとして、祭政一致の御制度と出ております。ここへ戻すのだというのが、祭政一致の布告です。昨日（二〇一八年十一月三十日）も秋篠宮様が、大嘗祭をあまり大げさにやるのはどうかということを問題にされましたが、明治維新の時に、最大の政策の一つとして国家の中心に皇室の祭祀を持ってきたわけです。大嘗祭は古代以来あって、そんなに影響力の大きいものではなかったのですが、それまでの歴史からみれば非常に特殊な全く新しい形、これを新たに国民に大々的に広めることになりました。

といっても、大嘗祭が大きな行事になるのは、大正天皇の即位、さらに昭和天皇の即位の時です。明仁天皇の即位の時にも、かなり大きなやり方でやったのです。それが適切だったかどうかについてあまり検証されていないし、国民もよくわからないうちにそうなっているということで、実はもっと小ぶりでよいのではないのか？　というのが、秋篠宮様の問題提起でありました。

ではどういう人たちが祭政一致の布告を掲げたかというと、尊王攘夷を掲げて開国になりましたが、いわば尊王派の人たちです。この尊王派の人たちによって国学という神道の風向の運動がどんどん大きくなりました。他方で、儒学に基づいて尊王を非常に強く掲げるという武士の勢力として水戸学が力を持ってきて、薩長などに強く影響を与えました。そのなかから祭政一致という考えが出てきて、皇室の神道を大々的に復興させ、新たに創られたお祭りもあります。

そのような形で神道国家へと展開します。これは国家神道といっていいわけですけれども、そのなかで仏教はだいぶ排除されました。皇室ももちろんお葬式を仏教式で行っていましたが、そのような要素をどんどん排除していきました。神仏分離は神道行事をどんどん増やし、皇室をその中心としました。皇室と伊勢神宮の下に全神社を統合する流れのなかで、全国の神社も今までかなりの部分、仏教の下にありましたが、伊勢神宮中心の組織に再編するという大きな構想の下で行われます。

◇神仏分離令

とにかくこの時代にはいくつもの法令が出ておりますが、例えば僧形で神社に勤め、神職より上位にある別当とか社僧という人たちは、復飾《ふくしょく》・還俗して神職になるべきで、そうでない場合は出て行けということになります。このような法令が次々出されていきますが、これを主導したのは津和野藩出身の人たちで、国学者でありながら儒学の影響も受け、水戸学風であった大國隆正《おおくにたかまさ》が、国学と儒学の一致を進めます。国学は本居宣長によって日本の古典こそが日本の中心だとしたものですが、水戸学は儒学でありつつ尊王も非常に強く掲げたもので、両派共に天皇が大事だという点では一致します。このようななかで政策が進められていったことになります。

先ほどお示ししたような牛頭天王というのはけしからん、そして権現も同じ、ということです。権現とは「仮に現れる」という意味です。困っている人や仏の慈悲を求めている人からみると仏様は遠くてなかなか届かないから、神様の形をとって何でもお願いできるような存在として現れる、それが権現です。これは本地垂迹《ほんちすいじゃく》というものと関係してきます。神様が権現と呼ばれるときは、仏様のほうが本来、あるいはより偉大で、仏様が仮に神様として現れているということですが、それを許さないということになります。権現とか牛頭天王というようなものはもう許しませんよ、変えなさいということです。

そして法令に「仏像をもって神体と致し候」とあります。神仏習合の一番早いもののなかに八幡信仰があります。八幡は権現でもあるけれども、菩薩にまでなりました。菩薩とはもうほぼほとけです。八幡神の像というと僧形、つまり坊主頭にして仏像のような格好をしているものもあり、このようなことが許されていたのです。しかし神社に鰐口《わにぐち》・梵鐘《ぼんしょう》・仏具が置いてあるのはいけません、という変化が起こりました。八幡大菩薩は今後は八幡おおかみ、八幡だいじんといわなければならないということになります。八幡とはどういう神様かといいますと、宇佐八幡が元で、朝鮮半島からの影響もあったのではないかといわれています。早い時期から八幡法師というのが出てきて、ご祈禱などもしていて神仏習合的なものだったのですが、明治になって八幡神は、応神天皇が神様になったということが強調され、それを「菩薩」と呼ぶことはまかりならんということになりました。

◇修験道廃止と廃仏の動き

このようにして神仏分離が次々と進んでいき、少し後ですけれども、明治五年（一八七二）になり修験道が廃止になります。修験道の山伏は全国に多くいました。それが完全に撲滅とはならなかったけれども、大幅に減りました。そして残った者も神道と仏教に分かれ、おそらく中国地方、山口県でも相当な数の修験寺が滅びていくという事態になりました。岡山県は修験が結構強い地域ですし、愛媛県の石鎚も重要な山岳信仰の場所ですが、明治維新によって大きな変化を被り、お寺から独立した新たな組織が作られていくことになります。安丸《やすまる》良夫先生の『神々の明治維新』（岩波新書、一九七九年）によりますと、神仏分離から始まって廃仏毀釈ということになってまいりまして、お寺を潰していいんだというふうに、地域の行政の中心になった人たちが、そういう方針で改革をするということが起こりました。

甚だしいのは、富山県で林太仲《たちゅう》という人が、領内三一三カ所のお寺を各宗一寺、計八カ寺に合併させます。富山は浄土真宗が強いところで、当該地域の浄土真宗の寺院が二四八カ寺、家族を合わせると一二〇〇人。浄土真宗は結婚していい宗派なので家族もいます。これを一つのお寺に集めるという、無茶苦茶なことでした。県によってずいぶんまちまちでしたが、いずれにせよお寺を潰すようなことをやったものの、あまり長続きしません。しばらくして元に戻ったというところが多いのですが、こういう無茶苦茶な政策が施行される地域があったということになります。

明治維新でこのような政策がとられたことについては、江戸時代に先例がありました。早くは岡山の池田藩がありましたし、幕末には水戸藩もあり、天保の改革では長州藩もかなりお寺を潰しました。「淫祀《いんし》」という怪しげな崇拝対象も潰していき、お寺関係が多いのですが、立派な神社は大事だから尊びつつも、多くの神社を潰していったということになります。しかし特に浄土真宗から強く批判が出てきて、廃仏政策をやめるようにということで、何といっても政府は長州藩中心ですから、西本願寺を通じて中央政府も動いて、始まってからわずかにして、この廃仏政策を抑制するようにという指示も出ています。

◆教派神道と神社神道の分離

そして大教院体制というものができました。神道も仏教も一緒になって天皇中心の国家のための布教をしようということです。私からみれば、これは大きな意味では国家神道中心の体制に仏教も協力するということです。最初、仏教は排除されましたが、仏教も協力する体制になったということになります。「敬神愛国・天理人道・皇上奉戴」とは三条の教則です。この下で神道も仏教も一緒に布教してくださいということで、大教院を東京の増上寺に設置しました。そこで増上寺の中の仏像をのけて神道の祭祀の場所や、神道も仏教も同居するという組織を作り、各地域に中教院を設けました。かなり無理なやり方です。

しかし大きな流れとしては、天皇中心の国家のために神道も仏教も協力することになります。やがて大教院は廃止され、また神仏分離になるのですが、神道に高い地位を与え、神職は公務員待遇になっていき、神社には国家から補助も出ます。そして全国民が神社参拝するのは当然の義務だという体制に変わっていきます。このようにして神仏習合の世界は大きく変わってしまいました。そうなると跡形も無くなったかというと、そうもいえません。というのは教派神道ができてきます。神道が二つに分かれ、一方は神社で国家のお祀りをし、また一方は仏教と同じように宗教としての神道で、教派神道といったり宗教神道といったりします。これらは別だということになりまして、神社神道と教派神道に分けます。教派神道は宗教だけれども、神社神道は祭祀であり、宗教と祭祀は別だということになります。

これは世界的には通用しませんし、日本の制度も相当無理のあるものでしたが、祭祀である神社には、特別に国家の施設としての高い地位を与えました。ですから伊勢神宮は国家の中心にあります。そして、天皇の祖先であり天皇家による日本の支配を命じた天照《あまてらす》大神《おおみかみ》がトップにあって、国のお祀りをします。これが神社神道です。それ以外の、個人の救いや魂の問題や悩みに応え、かつての修験道のように霊が憑いたらそれを祓ったり、人々の幸福のために祈るというものは、教派神道ということになり、民衆信仰の大きな流れになります。

実は江戸時代に、神仏習合の世界は次第に仏教から神道のほうへ移行していました。山の信仰でも仏教が統括していましたが、次第に地域の人々や町人や農民がそれぞれに信仰団体を作り、講を中心とした団体ができてくることになります。先ほどの稲荷もそうです。中部地方で起きたのが御嶽《おんたけ》信仰ですし、関東では富士信仰です。瀬戸内では先ほどの石鎚もかなり大きいのですが、修験道の石鎚に対して石鎚講ができて、次第に農民中心で活動することになってきました。

そういうものが教派神道に組織されまして十四派となりました。この十四派のうち伊勢神宮の崇敬者の集まりである神宮教がなくなります。その他の諸派には富士山信仰の扶桑《ふそう》教と實行教であったり、御嶽教があり、また神理教や神道修成派は稲荷信仰も含まれています。寄せ集め的ですが神祇《じんぎ》信仰で、神様中心のグループがたくさんできたということになります。

◇富士信仰の変容

教派神道というのが明治時代にできまして、山伏の修験道などが持っていた領域をかなり受け継ぐことになります。今は教派神道もだいぶ衰退傾向にありますが、いろんな派がまだあります。私がかなり力を入れて研究したのは金光教《こんこう》です。新倉敷の隣りに金光という駅があります。そこで江戸時代の終わりに農民が金光大神という神様となり、新しい悟りを説き始めたというような団体です。

さて、富士は山岳信仰でも特別なもので、日光などと比べるとずっと遅い始まりです。富士には室町時代頃にはすでに村山修験という、修験の富士信仰が広がっていました。今、富士宮の近くに浅間神社がありますが、元は興法寺というお寺でした。明治維新の神仏分離で、ここにあった大日堂を潰すわけです。

ところがその前から、富士信仰はすでに修験中心の山から、富士講中心の山になっていました。江戸の町人などの間に非常に広く富士信仰は広まっておりまして、葛飾北斎の「富嶽三十六景」にも見られるように、誰もが登る山としてたいへんな深い信仰を集めて

図４　葛飾北斎「富嶽三十六景　諸人登山」（山口県立萩美術館・浦上記念館所蔵）

おりました（図4）。富士の信仰での浅間大菩薩は仏教的な読み方です。今も浅間神社がありますが、民衆の呼び方では、「元の父母」という呼び方です。命の元の父母という呼び方で、それは大日如来でもあるけれどもむしろ身近なこの呼び方は、天理教や金光教の神様と近い親神《おやがみ》さまになっていたことを示しております。日本の民衆の神祇信仰が、いわば一神教的なものになってきて、それが富士信仰に顕れていると感じます。明治維新になりまして、元の父母は、記紀神話に対応する天之御中主《あめのみなかぬし》の神のこととされるわけですが、実際には明治になってもお経も読まれています。しかし、富士山のなかから仏像はどんどん排除されていきました。

このように仏教が大きく後退し神道が有力になってきたのは、神仏分離政策を進めたというのがありますが、結局、そのなかで日本の国民が、天皇中心の神道、これを国家神道と呼べると思いますが、そのほうへ組み込まれていきます。実は宗教史ではこの変化にあまり触れません。つまり、天皇が国のお祀りをするようになって、大嘗祭を国民の行事として行うようになったことが、いかに大きな意味があったかということを、あまり宗教史では議論しないものですから、よくわからないのですが、実は大きな変化がここにあって、国民が国家の祭祀に組み込まれていくということが起こりました。

◇宮中三殿と皇室祭祀

図5は宮中三殿という所で、ここへ参拝した人はあまりいないと思います。これが新聞に出てくることもないし、こういう写真が出てくる本はなかなか見つけにくいです。真ん中は賢所《かしこどころ》といいまして天照大神が祀られています。賢所は京都の御所にもありましたが小さい場所でした。これを大きな神殿にいたしまして、明治二十年（一八八七）ぐらいになってやっとできました。そして左側は皇霊殿といって歴代の皇室の霊をお祀りしています。右の神殿というのはかつての神祇官の八神殿です。宮廷の外に神祇官を作るというのが古代の制度だったのです。それを宮中に遷《うつ》して、神様も全部ここにいるという形にしたわけです。ところが、その神様よりも伊勢神宮、天照大神が圧倒的に上にいるということになります。

宮中三殿がどこにあるかというと、皇居の吹上御苑です。実は吹上御苑は長年、地図では何も書いていない場所でありましたけど、最近になって、ようやく何があるかわかるようになってきたという感じです。来年（二〇一九年）ここは、代替わりの重要な場になっ

図５　宮中三殿（写真提供：共同通信社）

てまいります。

この場所が重要になったのはいつかというと、神仏分離が行われ祭政一致の世に戻すという時です。全国の神仏習合の施設を神社にしましょうということになりましたが、皇室も重要なお祀りの場になりました。皇室では仏教行事をほとんどなくして、代わりに神道行事を大々的に取り入れました。そして国民の祝祭日も、皇室のお祀りに合わせて行うことになりました。

今の祝祭日はどのようにできたかというと、明治三年（一八七〇）に布告があって休祝日を定めることになりました。節句が多く、その頃、民間にあった代表的な行事を集めました。そのなかには七月十五日のお盆もあり、九月二十二日の天長節は天皇誕生日ですが、これ以外は神社らしくないですし、神道らしくもなく、皇室もあまり関係していませんでした。ところが明治六年の布告になると、休祝日はガラッと神道色になりました。春分・秋分の日、つまりお彼岸といえば仏教の日というイメージですが、春季皇霊祭・秋季皇霊祭という天皇の先祖をお祀りする日となりました。これが戦前の体制です。さらに一月三日の天孫降臨をお祀りする日で、天照大神が最初に瓊瓊杵尊《ににぎのみこと》をこの世に下したことをお祀りする元始祭も、昔はなかったものです。十月十七日は神嘗祭《かんなめ》、十一月二十三日が新嘗祭《にいなめ》です。伊勢神宮の稲の祈りのお祀りを宮中でするのが新嘗祭で、神様とともに天皇が新しい稲の稔りを頂きますが、天皇になって最初に行う新嘗祭を大きな行事として大嘗祭とするということになります。

◇楠公祭・招魂祭から靖国神社へ

もう一つ重要なのは招魂社です。尊王のために戦った志士たちが維新期にたくさん亡くなります。長州藩がその中心になって戦いました。薩長あるいは土肥、その前には水戸藩が尊王を掲げた有力な藩で、その人たちが模範にしたのが楠木正成です。建武の中興で後醍醐天皇の側に立ち、南北朝の時代に南朝こそ正統の日本の皇室の伝統を継ぐといって、そのために命を捧げて戦った楠木正成が、明治維新の志士たちのアイドルになりまして、楠公《なんこう》祭を行い楠木正成をお祀りしたのです。なぜそうなったかといいますと、神戸に湊《みなと》川《がわ》神社がありますが、ここは楠木正成が足利尊氏に敗戦し自刃した場所で、明治初期に薩摩藩の影響で湊川神社ができました（図6）。一方で、長州藩では下関に招魂社ができて、靖国神社の基になってまいります。

招魂祭や楠公祭というので、天皇のために戦った人を神道でお祀りするのです。そのなかには儒教の影響が入っておりますが、これらが国家神道の重要な要素になってきます。湊川神社には楠木正成が追い詰められて最期を迎えた場所である殉節地があります。ここに、日本の歴史を尊王の儒学の立場からみるという水戸学を築いた徳川光圀が、楠木正成のためにお墓を造りました（図7）。このことが明治維新の神道のモデルとなり、靖国の源流になります。これらは中国の思想にかなり影響を受けており、日本の武士の精神も儒学的な理念に基づくことになります。

下関に招魂社、今の桜山神社ができ、それに続いて京都に今の霊山《りょうざん》護国神社ができます。京都に行かれましたらぜひご覧いただきたいところですが、東山の麓の清水寺と八坂神社の間ぐらいに霊山護国神社があり、お墓がたくさんあります。そこには江戸時代の終わりから神道式のお墓ができ始めます。当時、京都では新撰組と尊王志士との血生臭い戦いがあり、そのなかで死んだ尊王側の人たちが祀られている場所で、靖国神社の源流の一つです。例えば禁門の変を記念した水戸藩の招魂社があり、一時期山口藩になった時に作られたもののなかで一番大きな墓は、桂小五郎のものです。坂本龍馬の墓もあり、現在では観光地として人を集めています。この時代から神道風のお墓が次々に並べられるようになり

図６　湊川神社表門（執筆者撮影）

図７　楠木正成公墓碑（執筆者撮影）

図８　霊山護国神社招魂碑（執筆者撮影）

ました（図8）。

第二次世界大戦末期にたくさんの兵士が亡くなりますと、靖国神社に神としてお祀りします。では靖国は兵士が神になった場所かというと、そうではありますが、天皇のために死んだからこそ神様になったので、実は靖国は、天皇こそが最高の崇拝対象であるのです。ですから、天皇陛下が靖国に参拝されるのを悲願と思っている人たちも多いのです。戦争の終わり頃に戦争で亡くなったお父さんがいて、その子どもたちが招待され、皇后陛下からお土産を貰って感極まっている写真がよく知られています（図9）。霊山護国神社には殉職自衛官の碑がありますが、戦後は、自衛官が亡くなっても靖国にはお祀りされないことになっています。山口県の護国神社は裁判になる大きな事件がありましたが、今後どうなるかというのは、日本の行方にとって大きな問題です。

靖国神社に替わる追悼施設を新しく作るかという議論がなされ、一時はそちらの方向でだいたい固まりましたが、またよくわからないことになっています。靖国神社はA級戦犯を祀っていることが問題だという点が、中国や韓国との関係で強調されますが、日本国民にとっては、まず国家神道がいかに国民に強制され、その下で、精神の自由が制限され生活を大きく規定するものになったか、あるいは憲法二十条の視点、あるいは十九条の視点

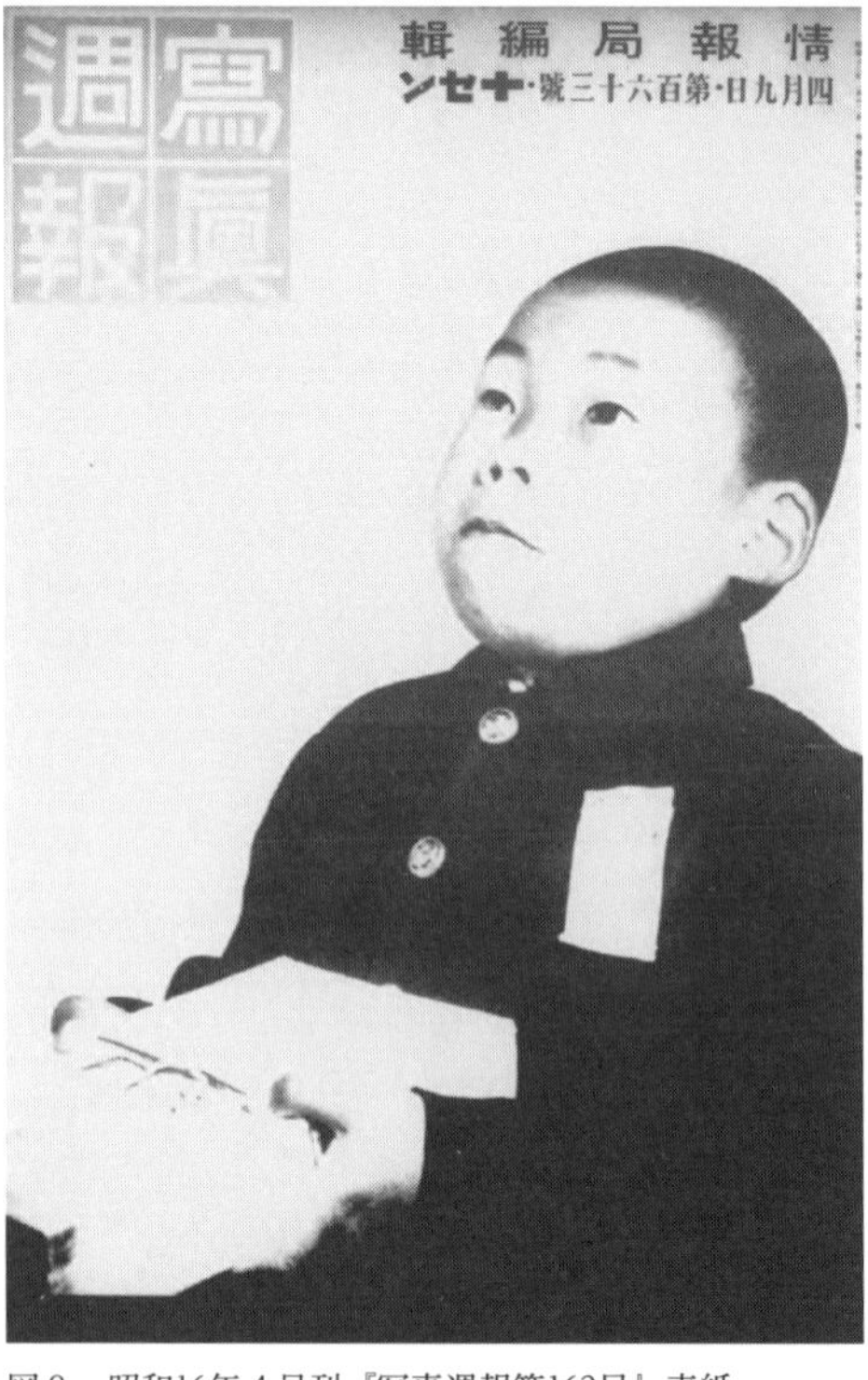

図９　昭和16年４月刊『写真週報第163号』表紙
解説文に「皇后陛下から賜ったお菓子を押し頂き遺児たちは皇恩あまねき有り難さに感涙にむせんだ」とある。
（国立公文書館デジタルアーカイブより）

というところから、考えていくべきことだと思っております。

◇祭政教一致の「教」＝神権的国体論

最後になりますが、神仏分離は、水戸学や当時の尊王の人たちによって掲げられた祭政一致、または祭政教一致の理念に沿って推し進められた、諸政策の一環ということになります。ではこの「教」とは何だろうということですが、日本は天皇を中心とした特別な歴史を持った国であり、それは万世一系の国体、つまり神様に由来しかつ一度も王朝が変わったことがない国であり、またそれは美しい国であるという理念があって、それを教える柱が教育勅語なのです。あるいは軍人勅諭というものがありました。「勅」というのは天皇の言葉ですが、天照大神から遣わされた天皇による神聖な言葉ということですから、教育勅語はお祈りのように唱えました。そしてそれに基づいて修身の教育が行われ、学校生活はすべてその理念によって統合されました。

したがって、学校で教育勅語や御真影（天皇の肖像）を祀る奉安殿という場所があって、それが火事になると命を懸けても守ったのです。これは非常に強い宗教性を持ったわけですが、これらが神仏分離の背後にあったということが重要です。それが「教」の部分です。これを憲法学者は神権的国体論といっておりますけれども、国家神道というのはそういうもので、非常に宗教的なものです。

「あめつちと共に窮《きわ》まり無し」というのですが、天照大神が瓊瓊杵尊《ににぎのみこと》を地上に遣わし、最初の神器を引き渡します。そして永遠にこの国土、豊葦原瑞穂国《とよあしはらのみずほのくに》を治めなさいと瓊瓊杵尊に命じました。その三代後に神武天皇が即位し、それが現代まで続いているという非常に強力な神話的な理論、国家神道の元には、天壌無窮の神勅と、その理論があり、これで日本は統治されたということです。

◇神仏分離以前と以後の大きな違い

明治維新から一九四五年までの大きな変化は、今もある意味で続いており、日本会議や神道政治連盟には国会議員のかなりの割合が属していますし、大臣となると八〇パーセント、九〇パーセントが、その関係組織に属しています。このようなあり方が、今も日本の社会に大きく影響を与えているということを考えなければいけないと思います。そしてこれを思想史的に遡ると、会沢正志斎《せいしさい》という後期水戸学の代表的な論者の『新論』という書物がありました。お祀りが大事であり、国をある理念の下に統一的に運営していくべきであり、それによってキリスト教の影響から日本を守るという思想です。このような理論が影響しており、それと靖国神社は一体でした。我々が戦争を通じて経験した、国が一丸となって宗教的な理念の下に動き、多くの人が天皇陛下のために命を投げ出してもよいとか、国体は護持されなければ戦争はやめられないとか、このようなことになったのはなぜなのかを、我々は振り返る必要があると思います。

神仏分離というといろんなニュアンスがあります。多様なものの共存というのは重要ですが、日本の神仏習合の神々というのは、だいたい国津神《くにつかみ》系統です。つまり天照大神に連なる神ではなく、素戔嗚《すさのお》や大国主《おおくにぬし》、つまり宮廷から押さえられた側の神です。出雲系といってもよいかもしれません。日本の記紀神話は天皇の支配を正当化する神話だといわれておりますが、それにしては出雲神話はたくさん出てきます。国民には大国主とか素戔嗚は非常に親しく魅力的な神々ですが、天照大神はあまり出てこないのです。ですから神仏習合の世界がいかに日本人にとっては重要だったかということです。

八幡信仰や稲荷信仰は神社ですが、いわば野党的な神社です。仏教のなかにも神仏習合を排除する流れもありますけれども、決して国家のほうに一元化されるものではなかったのです。浄土真宗は神仏習合と対立しますが、逆に一向一揆のように民衆の生活に根ざした信仰を共に守るという性格を持っておりました。このような伝統を思い起こしながら、今後の日本の行方や、精神文化の行方を考えていく必要があろうと思います。

それではお話を終わらせていただきます。ありがとうございました。

参考文献

・池田英俊『明治の新仏教運動』（吉川弘文館、一九七六年）
・――――『明治仏教教会・結社史の研究』（刀水書房、一九九四年）
・――――編『論集日本仏教史8　明治時代』（雄山閣出版、一九八七年）
・――――編『図説　日本仏教の歴史　近代』（佼成出版社、一九九六年）
・岡田莊司編『日本神道史』（吉川弘文館、二〇一〇年）
・小川原正道『大教院の研究――明治初期宗教行政の展開と挫折』（慶應義塾大学出版会、二〇〇四年）
・柏原祐泉『日本仏教史　近代』（吉川弘文館、一九九〇年）
・阪本是丸『明治維新と国学者』（大明堂、一九九三年）
・――――『国家神道形成過程の研究』（岩波書店、一九九四年）

・島薗　進「総説　一九世紀日本の宗教構造の変容」（小森陽一・酒井直樹・島薗進・千野香織・成田龍一・吉見俊哉編『岩波講座　近代日本の文化史2　コスモロジーの「近世」』岩波書店、二〇〇一年）
・――――「稲荷信仰の近代」（『朱』〈伏見稲荷大社〉第四七号、二〇〇四年）
・――――『国家神道と日本人』（岩波新書、二〇一〇年）
・圭室文雄『神仏分離』（教育社、一九七七年）
・――――『日本仏教史　近世』（吉川弘文館、一九八七年）
・羽賀祥二『明治維新と宗教』（筑摩書房、一九九四年）
・安丸良夫『神々の明治維新――神仏分離と廃仏毀釈』（岩波新書、一九七九年）

発題一

中世における神仏習合の世界観

真木隆行

真木隆行（まき　たかゆき）
一九六九年愛媛県生まれ。愛媛大学法文学部卒業、大阪大学大学院文学研究科博士前期課程修了、大阪大学大学院文学研究科博士後期課程単位修得退学、博士（文学）。現在山口大学人文学部教授。主な研究領域は、日本中世史。主な論文に「中世東寺長者の成立――真言宗僧団の構造転換」（『ヒストリア』一七四号、二〇〇一年）、「周防国大内氏とその氏寺興隆寺の質的変容」（川岡勉・古賀信幸編『日本中世の西国社会3　西国の文化と外交』清文堂出版、二〇一一年）など。

◇はじめに――中世段階の神仏習合とは

私からは、「中世における神仏習合の世界観」と題して、とりわけ本地垂迹《ほんちすいじゃく》説がどのようなものだったか、あまりおわかりではないかた向けにお話しいたします。

中世の神仏習合につきましては、仏のほうが本体と考えられ、日本の神々はその化身だと見なす捉え方が主流になっていました。つまり本地が仏、垂迹が神という捉え方でして、「本地垂迹説」と呼ばれています。これは一見、仏と神との関係だけの問題のように思われるかもしれませんが、実は、天皇制と密接にかかわる問題でもあることを見落としてはいけません。天皇家の血筋は、祖先神の天照大神《あまてらすおおみかみ》からつながると伝えられていましたが、本地垂迹説では、この天照大神が大日如来の化身だと認識されるようになります。つまり天皇が、大日如来の化身の血筋を引く存在として意識される形で、王権が正当化されるということにもなっていたわけです。このような認識の特質と成り立ちについて、私なりのまとめ方で紹介してみようというのが、本日の話です。

このたびのシンポジウムにあたって、事務局からは、神仏分離を論じる前提として、それ以前の神仏習合の成り立ちについてお話しいただけませんか、というリクエストをいただきました。その際にまず念頭に浮かんだのが先ほどの話です。神仏分離といえば、島薗先生から先ほどお話がありましたように、天皇をどのように位置づけるかという問題とかかわりが深いのはもちろんですが、神仏習合につきましても、実は同じことがいえます。神仏習合にしても神仏分離にしても、いずれも仏と神との二者関係だけでなく、政治権力も加えた三者関係にかかわる問題でした。では本地垂迹説は、王権や神をどのように位置づけていたか。それはどのような過程を経て形成されたか、「記紀神話と仏教の時空観」「古代から中世前期の神仏習合」「本地垂迹説における神々と国家」という大きく三つのテーマに分けてお話しします。

◇記紀神話の時空観・王権観

本地垂迹説では、日本の神々が、仏教の世界観や時間認識のなかに位置づけられます。そこでこの説明の前提として、まずは日本の神々を説明づけていた記紀神話の時空観にはどのような特徴があったか、確認しておきます。

記紀神話とは、『古事記』『日本書紀』の冒頭に記される神話のことでして、日本の国家や神々の成り立ちを神話形式で説明しているという点が重要です。その内容は、まずは天と地とが混沌とした状態からそれぞれに分離し、神々が産まれた話から、国産み神話へと続きます。男神イザナギノミコトと女神イザナミノミコトが、天界の天浮橋《あめのうきはし》の上から、大海を天之瓊矛《ぬぼこ》でかき混ぜ、「大八洲《おおやしま》」、つまり日本列島を産んだとされます。続いて神々を次々と産み、やがてイザナミが没して死後の世界に去った後、イザナギが天皇の祖先神としての女神天照大神を産んだとされ、この天照大神に高天原《たかまがはら》の統治権が委ねられたとされています。

ここでポイントになるのは、記紀神話の天と地からなる世界観では、地の範囲が本州・四国・九州およびその周辺に限られていた点です。『古事記』や『日本書紀』は自国史の書ですので当然ですが、それらの視野が、王権の成り立ちの説明も含めて、ほぼ日本のことに限られていたという点に注目しておきたいと思います。

次に、記紀神話の時間認識について確認しておきます。国産み・神産みに続く「天孫降臨」の神話では、天照大神が、その孫のニニギノミコトに神器を授けて、地上世界に降り立たせ、その統治権を委ねたことになっています。やがてニニギの曾孫の神武天皇が、九州から畿内へ遠征し、初代天皇として即位したとされます。この即位年が辛酉《しんゆう》の年とされ、ここから歴代天皇ごとの治世の説明が始まるわけです。

この初代天皇の即位年がいつ頃かにつきましては、後世の史料ですが、南北朝期に書かれた『帝王編年記』によると、中国では周王朝の僖王《きおう》の三年にあたるとされています。つまり紀元前六八〇年頃の即位だと想定されていた様子が窺えます。こうした神武天皇の即位年や在位期間などは現実離れしており、神話的な叙述と解すべきことはもちろんです。ただしここで注目したいのは、『帝王編年記』が、神武天皇の即位年を「仏滅後二九〇年」と解釈していた点です。釈迦の入滅から二九〇年も後だといわれれば、さほど遠い昔ではないようにも思えてきます。もちろん、これ以前の神代については、悠久なる期間が想定されていますが、そのスケール表示は、後述する仏教的時間認識とは違い、とても曖昧です。

いっぽう、記紀神話は、以上のような時空観のなかで日本の国の成り立ちを語りながら、日本の王権、つまり天皇の権力が、神から授けられたものだと説明する論理で叙述されています。つまり王権論を語っているのです。そもそも記紀神話が形成された背景には、ヤマト王権が日本列島各地に分立していた小国群を従えながら形成された後、中央集権化を遂げたという歴史的経緯があります。かつての小国群それぞれには、神々に対する独自の信仰があったはずですが、のちの政治的な統合と中央集権化の過程において、神話的世界観が、天皇の祖先神を軸に中央集権化されていった。これが記紀神話として表現されたと考えられるわけです。裏を返せば、記紀神話の時空観のスケールは、日本の王権の成り立ちを説明するために必要な範囲に限られていたといえます。

◆顕密仏教の時空観(一)——世界観

以上のような記紀神話の時空観に対して、仏教の時空観にはどのような特徴があったでしょうか。まずは空間認識に注目しながら確認しておきます。

仏教の世界観といえば、「須弥山《しゅみせん》世界」と呼ばれる捉え方が知られています(図1)。世界の中央には、須弥山という巨大な山が聳え立つと想定され、その周囲の大海に四つの大陸が浮かび、そのうち南の贍部洲《せんぶしゅう》ないしは南贍部洲と呼ばれる大陸が、インドや中国を含むと考えられていました。世界全体は、巨大な金輪《こんりん》・水輪《すいりん》・風輪《ふうりん》を基盤とし、太陽や月は、須弥山の中腹あたりの高度を巡回すると考えられていました。また、須弥山の頂上に

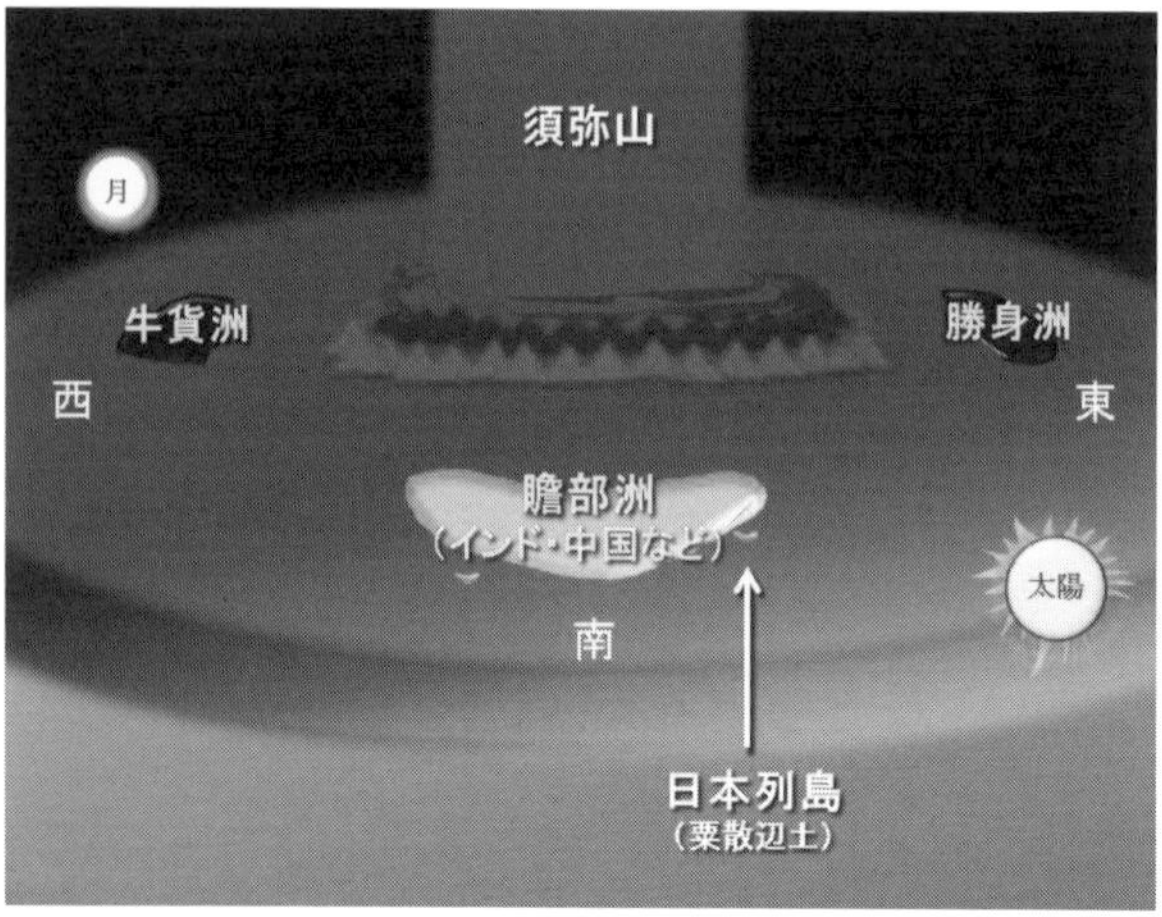

図1　須弥山世界観と日本
（定方晟『須弥山と極楽』講談社現代新書、1973年をもとに作成）

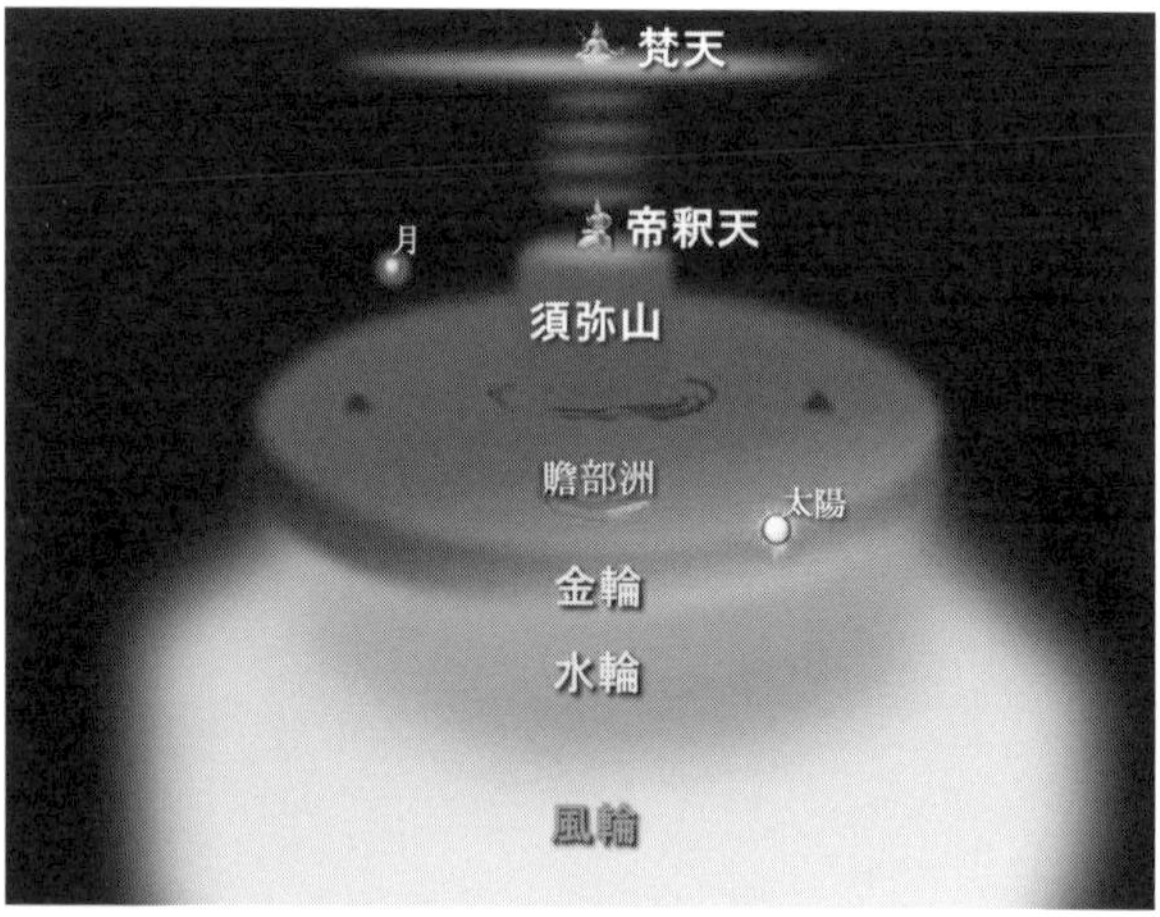

図2　須弥山世界観の天界
（同上）

は帝釈天《たいしゃくてん》の住む宮殿があり、さらにその上空には兜率天《とそってん》や梵天などの宮殿が幾重も重なっていると考えられていました（図2）。

世界の広がりはこれに留まらず、このような須弥山世界が無数に存在すると認識されていました。具体的には、須弥山世界が一千個集まって小千世界、これが一千個集まって中千世界、さらにこの中千世界が一千個集まって大千世界（三千大千世界）を構成すると想定されていました。つまり須弥山世界が一千×一千×一千個ですから、十億個もあるイメージです。要するに、数え切れないほど存在すると想定されていました。現代の私たちの感覚で例えると、宇宙の星々が、銀河、銀河群、銀河団、さらには超銀河団を構成しながら存在しているイメージに近いのでしょう。

しかも、以上の空間はすべて娑婆《しゃば》の世界でして、浄土の世界はこれらの外側に存在するとされていました。浄土は、西方の極楽浄土が有名ですが、このほか九方向それぞれにも想定され、「十方浄土」と呼ばれていました（図3）。

いっぽう日本については、瞻部洲の沖に浮かぶ島々（図1）、つまり粟粒を散らしたような辺境の国と認識され、「粟散辺土《ぞくさんへんど》」と呼ばれていました。では、日本の神々がいらっしゃる場所はというと、もちろん空想上の話ですが、例えば高天原はその上空あたりでし

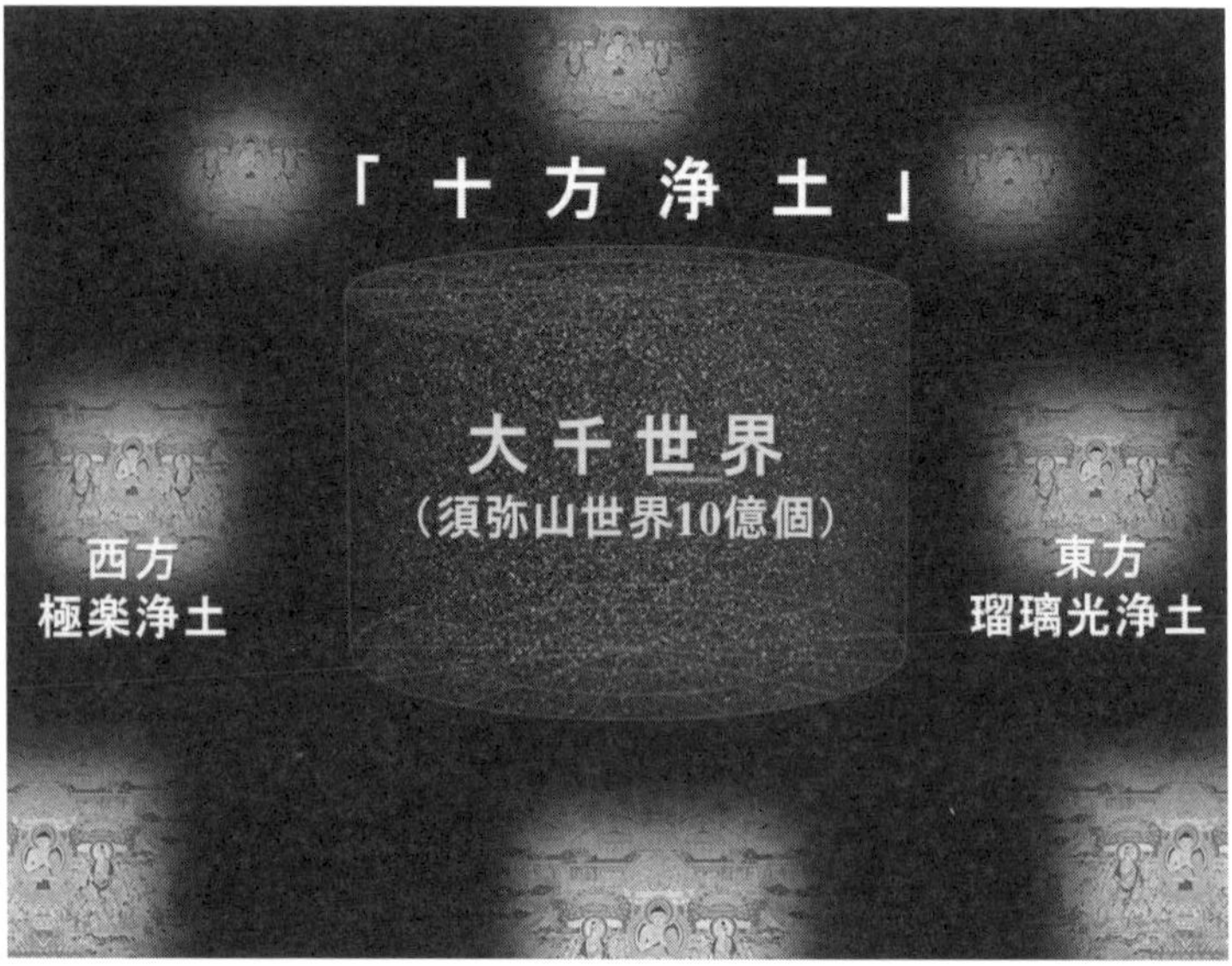

図3　大千世界と十方浄土

ょう。上空といっても、先ほど述べた壮大なる仏教的世界観のなかに位置づけると、地上からほんの少し上という印象になりそうです。

要するに、仏教的世界観は、記紀神話の世界観を遥かに凌駕する視野を持っていたということです。このような関係を前提として神仏習合が展開したのですから、記紀神話の世界観は、仏教的世界観のなかにすっぽりと内包されたのです。

◇顕密仏教の時空観（一）――時間認識

では、仏教の時間認識についてはどのような特徴があったのでしょうか。

記紀神話の時間認識は、神から人間へ、そして親から子へという血筋のつながりの認識に変換して捉え直すことができます。これに対して仏教では、血筋のつながりだけでなく、親の子として生まれた個人レベルでの前世に注目し、前世の報いに基づいて輪廻転生《りんねてんしょう》した経緯を説く点に特徴があります。しかも、やがて寿命が尽きた後は、地獄に落ちるかもしれず、あるいは人間に、あるいは天界に生まれ変わるかもしれません。しかし、もし天界に生まれて快楽の日々を送っても、途方もない長寿の末に、命の尽きる日を迎える恐怖は、八十年ほどの寿命を終える恐怖よりも大きいはずです。いずれにしても、このような輪廻からの解脱《げだつ》を目指せと説くのが仏教の教えですが、解脱できなければ、個人レベルでの輪廻転生が永遠に続くと想定されるわけです。

このような仏教の時間認識は、タテ軸とヨコ軸の二つの軸が交差する流れとして捉えられるように思います。例えば、親から子へのつながりを「血筋的因果」と仮に呼び、これをタテ軸と見なすならば、前世の因縁によって輪廻転生する「個人的因果」としてのヨコ軸からも説明されます。このヨコ軸は、輪廻を繰り返す限り、「血筋的因果」のタテ軸の流れと交差し続けながら推移することでしょう。仏教では、こうした両軸からなる時間的推移が悠久の流れとしてイメージされていることも特徴といえます。

この悠久さについては、末法思想と関連する正像末三時《しょうぞうまつさんじ》説や、弥勒信仰の時間的スケールから窺えます（図4）。釈迦如来の入滅後、解脱が容易だったとされる「正法」の世の後は、解脱が難しい「像法」の世を迎え、やがて実践も廃れる「末法」の世となり、ついには教え自体が廃れる「法滅」の世になるとされます。しかし、やがて五十六億七千万年後になると、兜率天での修行を果たした弥勒菩薩が下生《げしょう》して、救済してくれると想定されています。正法・像法の各期間については、五百年説や一千年説などがありましたが、

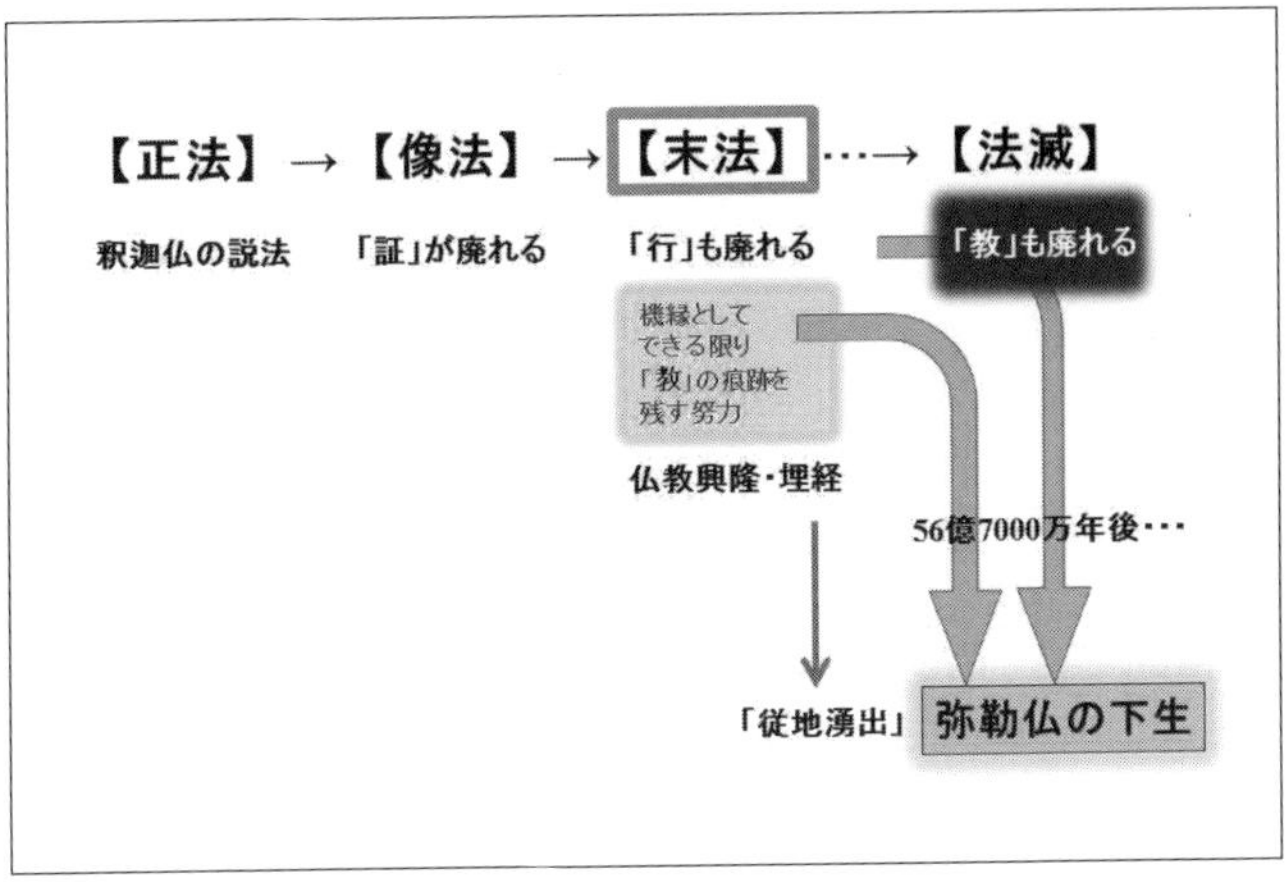

図４　正像末三時説と弥勒下生信仰

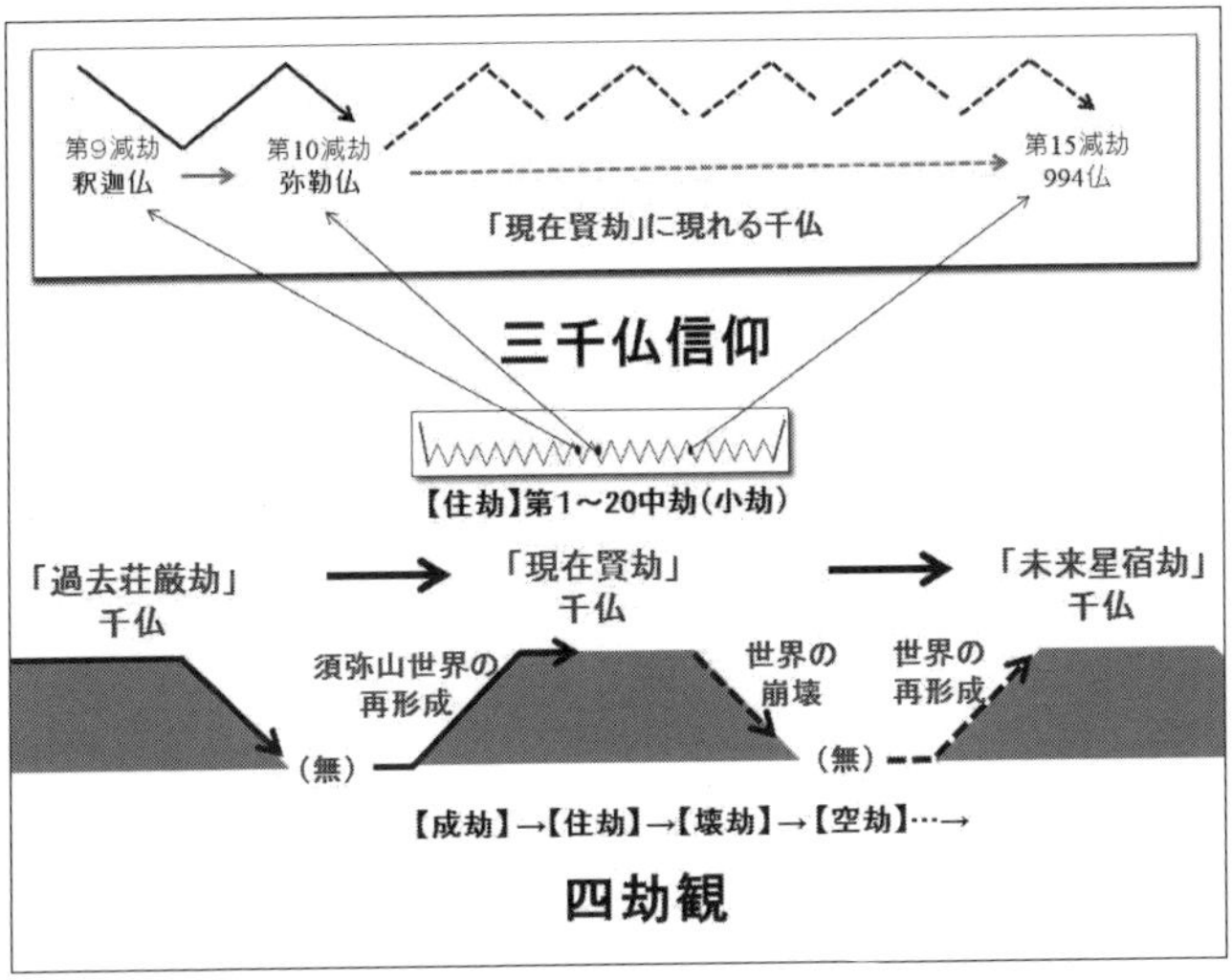

図５　四劫観と三千仏信仰
（定方晟『須弥山と極楽』講談社現代新書、1973年をもとに作成）

いずれにしても、五十六億七千万年のスケールと比べれば一瞬です。もちろん、この年数は現実的なものではありませんが、このような具体的数値の見せ方は、記紀神話における神代の説明には見られません。

しかも仏教では、この五十六億七千万年のスケールさえも一瞬と思えるほど、さらに悠久なる時間的スケールが想定されていました。それが四劫観《しこう》です（図5）。毎年十二月に行われていた仏名会《ぶつみょうえ》という仏事では、三千もの仏の名を読みあげていたのですが、そのうち一千の仏は、この世界の形成以前、今はなき「過去荘厳劫《かこしょうごんこう》」の世界に現れた存在とされます。釈迦如来は、今の「現在賢劫」の世界に現れるとされる一千の仏のうち、四番目に現れた存在とされます。さらに、五十六億七千万年後に下生して解脱するとされる弥勒仏は、その五番目に現れる存在とされ、この後には、さらに九九〇以上もの仏が現れるとされます。やがてこの世界が崩壊へと向かう「壊劫《えこう》」の時代となり、何もない「空劫《くうこう》」の時代が長く続く。その後、また新たな世界が形成される「成劫《じょうこう》」の時代を経て、「未来《みらい》星宿劫《せいしゅくこう》」の時代になると、残り一千の仏が次々と現れると想定されていました。

なお、ここで崩壊が想定されている世界の範囲は、須弥山世界一つに留まる場合もあれば、大千世界全体にまで及ぶ場合も想定されていました。つまり宇宙の崩壊や再生の連続が想定されていたのです。現代の宇宙論としても、ビッグバン理論のほか、宇宙の終わりについてはビッグクランチ仮説やビッグリップ仮説などが論じられていますが、仏典には、同様の想定が遥か昔からあったということです。

いずれにしましても、このように仏教の時間認識では、日本の成り立ちどころか、宇宙全体の崩壊や再生の繰り返しまでもが視野に入っていたわけですから、記紀神話の時間認識では太刀打ちできるはずがありません。仏教の時空観については、世界観・時間認識いずれにおいても、記紀神話のそれを遥かに凌駕する視野を有していたといえます。

◇本地垂迹説以前における神仏習合の王権観

ところで、先ほどお話ししましたタテ軸の「血筋的因果」とヨコ軸の「個人的因果」は、王権観にも深く関係します（図6）。記紀神話では、天皇の権力はその祖先神からの神授とされますので、タテ軸の「血筋的因果」による説明だといえます。これに対して仏教は、ヨコ軸の「個人的因果」から補強したり、逆に脅かしたりする論理を持っていました。

十一世紀に成立した『栄花物語』には、天皇を「十善の王」として賞賛する記述が見ら

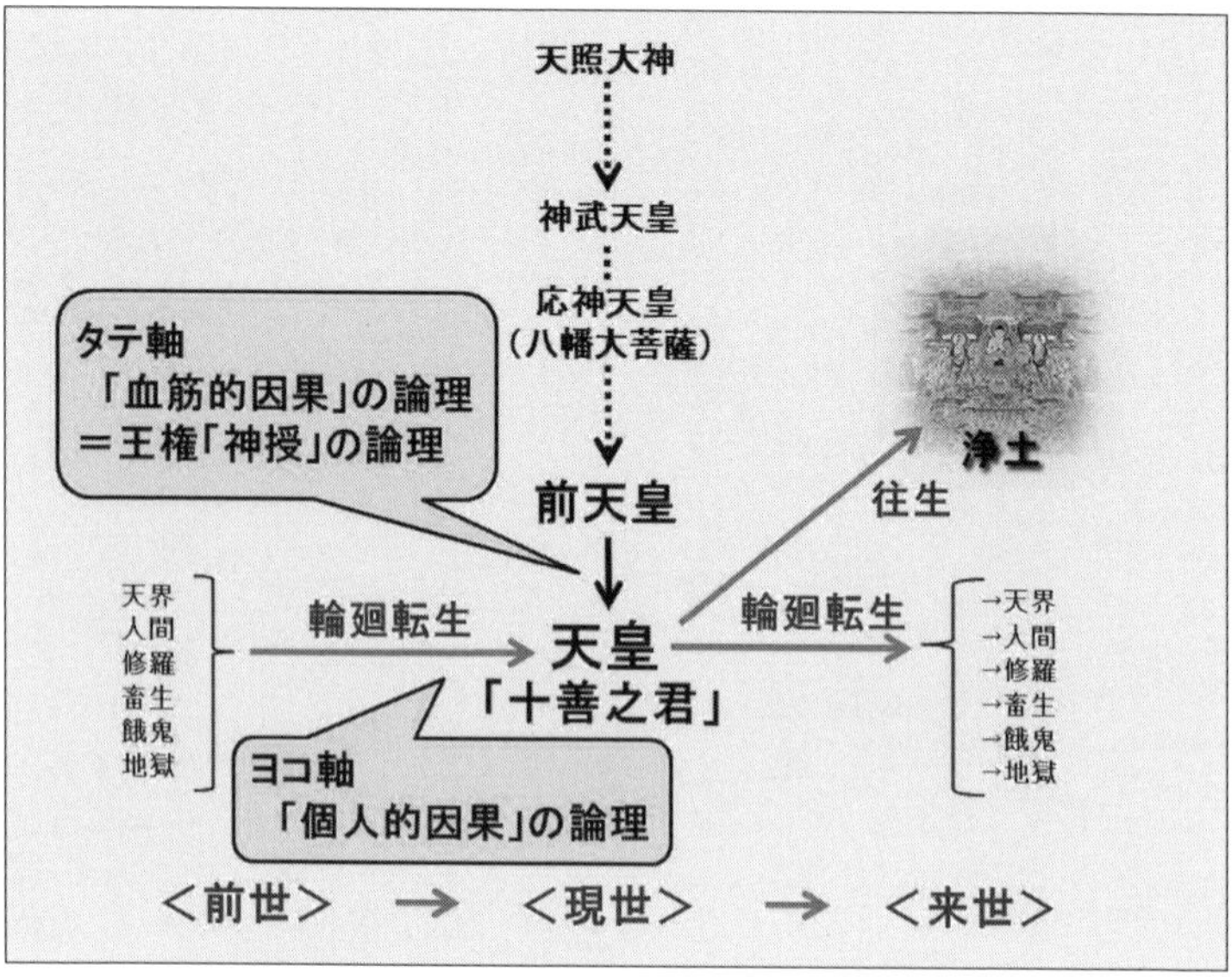

図6　本地垂迹説以前の神仏習合と王権観

れます。これ以降、中世には「十善の君」「十善の位」などの呼称が、天皇や皇位の異称として頻出します。ここでいう「十善」とは、前世において不殺生・不偸盗《ちゅうとう》・不邪淫など十項目の戒律の受持を果たしたことを意味します。つまり、前世における十善の功徳《くどく》によって、天皇に即位すべく転生したという認識がその呼称の背景にあるのです。このようなヨコ軸からの王権正当化の論理は、仏教ならではのものですから、「十善の王」などの用語が史料上確認できるようになる以前にも、これに近い発想があったと思われます。

また平安時代には、菅原道真の怨霊とのかかわりにおいて、醍醐天皇が地獄に落ちたと語られるようになっていました。天皇も一人の人間に過ぎないと見なされ、現世の「個人的因果」によって地獄に落ちる可能性が想定されるようになっていたわけです。

◇八世紀段階における神仏習合

ここからは、本地垂迹説の歴史的前提として、古代からの神仏習合の諸段階について確認します。

そもそも神仏習合の始まりについては、奈良時代に、日本の神々が仏教に帰依して「神身離脱」を望んだり、「護法善神」になったりしたというイメージで捉えられています。あるいは神の苦悩を慰めるため、神社で仏教の経典を読んだり、神社に神宮寺を建てたり、寺院に鎮守の神様を勧請《かんじょう》したりすることも起こりました。

奈良時代の後半になると、王権と神祇と仏教の関係がさらに変容し、仏教の影響がいっそう強まりました。聖武天皇は、大仏を建立したほか、出家したことが知られています。娘の孝謙天皇も、退位後に出家しました。しかも退位と出家後に、天皇に即位し直して称徳天皇と呼ばれるのですが、再即位の際に代始め神事としての大嘗祭を再び挙行します。称徳朝には、僧侶の道鏡《どうきょう》が政権の中枢にいたことが知られていますが、称徳天皇が出家経験のある立場で大嘗祭を行ったという異例も注目に値します。称徳天皇は、この大嘗祭の翌日に、次のような勅を出しています（『続日本紀』天平神護元年〈七六五〉十一月二十三日条）。

朕は仏の御弟子として菩薩の戒を受け賜はりて在り、此に依て、上つ方は三宝に供奉《くぶ》し、次には天社国社の神等をもゐや《（礼）》びまつり（以下略）

つまり、天皇自身が仏の弟子だと明言し、まずは仏・法・僧への供奉を重視し、神々への礼はその次だと言い切っています。さらには、

神等をば、三宝より離けて触れぬ物ぞとなも、人の念ひて在る、然れども、経を見まつれば、仏の御法を護りまつり尊びみまつるは、諸の神たちにいましけり、

といっています。つまり日本の神々について、仏教経典に見える梵天や帝釈天などの天部と同様に、仏の教えを擁護する護法神だと説明しています。それゆえに、「出家人も白衣も相雑はりて供奉するに、豈、障事は在らじ」（同史料）と、大嘗祭に出家者が混じることを正当化しています。しかもこの翌年には、伊勢神宮に神宮寺を置き、仏像を造立しようとしたことが知られています（『続日本紀』天平神護二年〈七六六〉七月二十三日条）。称徳朝においては、仏教優位の神仏習合がこれほどまでに展開していたのです。

◇八世紀末の神仏隔離とその後の再習合

ところが、奈良時代の末から平安時代の初期になりますと、それほど極端に展開していた神仏習合への反動が生じました。高取《たかとり》正男さんが注目した「神仏隔離」の傾向です。つまり仏教の影響力は直線的発展を遂げたのではなく、いったん大きな揺り戻しの時期を経ていたのです。このことは、のちの本地垂迹説における神祇観の特質を考える上で、意外に重要な歴史的前提になっていると思います。

七七〇年に称徳天皇が没した後、光仁天皇の代になりますと、道鏡が失脚します。しかも伊勢神宮では、旧来のスタッフが解任されて新しい人事が行われた過程で、仏教色が排除されたと考えられています。光仁天皇の次に桓武天皇が即位しますと、長岡京、さらには平安京へと遷都しますが、平安京では、寺院が東寺・西寺のみに限られ、平城京にあった多くの寺々は、現地に残されたままとなりました。このように、奈良時代末から平安時代初期にかけての時期には、政治や社会における仏教の影響がいったん後退したのです。

平安時代の神仏習合は、ここから再スタートしました。この後の神仏習合では、神や神事の独自性を残しながら展開します。こうした特質は、上述した「神仏隔離」策の経験が影響を及ぼしていると思われます。また、この神仏習合の再スタートについては、最澄や空海が中国からもたらした天台宗や真言宗が重要な役割を担いました。天台宗も密教を併せ持ち、いずれも密教の力で天皇や国家を護持することを売りにする勢力として、大きく発展します。天皇の護持僧として毎日祈禱し続けたのは、こうした密教の僧侶でして、彼らの間で、日本の神々とどう向き合うかという模索も生じたようです。しかも延暦寺は、日吉《ひえ》社を鎮守の神として大事にしたほか、京都に新たに創建された祇園社や北野社などをその傘下に組み込みます。このように平安時代には、神仏習合が前代と質的に異なる形で展開したのです。

◇日本の末法思想における二重の悪条件

いっぽう、平安時代の中葉になりますと、末法思想が流行します。この問題と本地垂迹説がどういう関係にあるか、少しお話ししておきたいと思います。一〇五二年から末法に入るとされたことに影響を受け、藤原頼通が、別荘を転じて平等院を建立したというのはよく知られています。ところが、この一〇五二年から末法に入るという認識は、日本で流行した説でした。もともと中国では、五五二年から末法に入るという考え方が有力でしたが、『日本書紀』が記すところの仏教公伝の年にあたるためか、日本には馴染まなかったのかもしれません。末法がいつ始まるかというのは、釈迦の入滅がいつか、正法・像法の期間がどれくらいか、それぞれの解釈が異なっていたため、何通りかの解釈がありました。そのようななかで、平安時代中葉に一〇五二年説が有力になった、というのが末法思想の日本的特質の一つといえます。

末法思想の日本的特質は、もう一つあります。解脱を目指す上で、末法の世に生まれたことを悪条件と見なす意識に加えて、日本に生まれたことも悪条件と見なす意識が生じていたのです。後者は、日本を「粟散辺土」と見なす上述の自国認識と密接に関係します。釈迦の説いた教えはインドから中央アジアを経て、東アジアへと伝わったわけですが、さらに海を越え、「粟散辺土」の日本に伝わるには障害が多いと考えられたのです。

ところが、こうした二重の悪条件を日本の神々が軽減してくれると認識されていたのが、第三の日本的特質です。神仏習合によって、日本の神々は「護法善神」と見なされていたためです。こうした認識が発展しますと、やがて「粟散辺土」としての悪条件を哀れむ如来や菩薩が、仏法擁護のために身を転じて現れたのが日本の神だという認識が生じます。これが本地垂迹説だということですが、次にこの問題についてお話しします。

◇本地垂迹説における神祇観

では、平安時代後期に本格的に展開した本地垂迹説が、日本の神々や王権・国家をどのように説明していたか、まずは神々の位置づけの特質からお話しします。

本地垂迹説といえば、仏に神々が従属的に位置づけられた印象を受けるかもしれませんが、仏と神が同体視された点が重要です。奈良時代の段階では、日本の神々が仏教の天部と同体視されていましたが、本地垂迹説では、如来や菩薩の垂迹と見なされます。つまり仏の世界における日本の神々のランクが、天部なみから如来・菩薩なみへと上昇したことになります。これが本地垂迹説における神祇観の特質の第一です。

しかも日本の神々は、本地仏と同体視されることで、日本列島に存在するだけに留まらず、宇宙レベルでの位置づけを与えられたことも意味します。このように、日本の神々が普遍的な尊格で捉えられるようになった点が、本地垂迹説における神祇観の特質の第二です。

ただし、以上の説明と矛盾するいい方になりますが、本地仏との同体視がなされるようになっても、垂迹神ならではの独自性の認識が維持された点についても見逃せません。これが第三の特質となります。例えば、本地仏と垂迹神とでは、いったいどちらがありがたい存在か。わざわざ仏から身を転じて日本に現れてくださった垂迹神のほうがありがたい、という捉え方もできるのです。和光同塵という言葉がありますが、光を和らげて塵に同ずという意味でして、そのような垂迹神こそありがたいという認識になるわけです。

しかも日本の神々には、記紀神話に見られるように、人間的な感情の起伏がある存在としてイメージされる傾向があり、怒らせれば祟りが生じると考えられました。また、祖先神・氏神・産土神《うぶすながみ》などを日頃から崇敬していた人々から見ますと、いざという時には自分たちを依怙贔屓《えこひいき》してくれるという期待もあったでしょう。多めにお供えをすれば、効果が増すという俗っぽい期待もあったでしょう。では如来や菩薩ならばどうでしょうか。とりわけ悟り切った存在とされる如来でしたら、「こだわりを持つことこそが苦の元凶ですから、雑念は捨てましょう」と説教されかねません。つまり本地垂迹説が展開したことによって、神祇信仰は衰えたのではなくて、逆に補強された側面があったと考えることができます。

しかも、このような神祇信仰について、中世の僧侶たちは否定するどころか、むしろ積極的に活用したという点も重要です。これが第四の特質となります。例えば延暦寺の勢力は、朝廷に強訴《ごうそ》する際に、日吉社の神輿を担ぎ出して猛威を振るいました。天台宗や密教の祈禱のパワーに自信があれば不要ではないかとも思うのですが、むしろ神の威を活用するほうが有利だと判断されたのです。つまり神の独自性は、僧侶たちからも有効に活用される側面を持っていたのです。

◇本地垂迹説における王権観・国家観

本地垂迹説が以上のような特質を伴いながら展開したことは、日本を「神国」と見なす自国認識とも密接に関連します。そこで最後に、本地垂迹説が、王権・国家をどのように説明していたかについてお話しします。

本地垂迹説では、天皇の即位を正当化してきた祖先神からの「血筋的因果」の論理までもが、仏教と結びつけて説明されるようになります（図7）。天照大神は、大日如来の垂

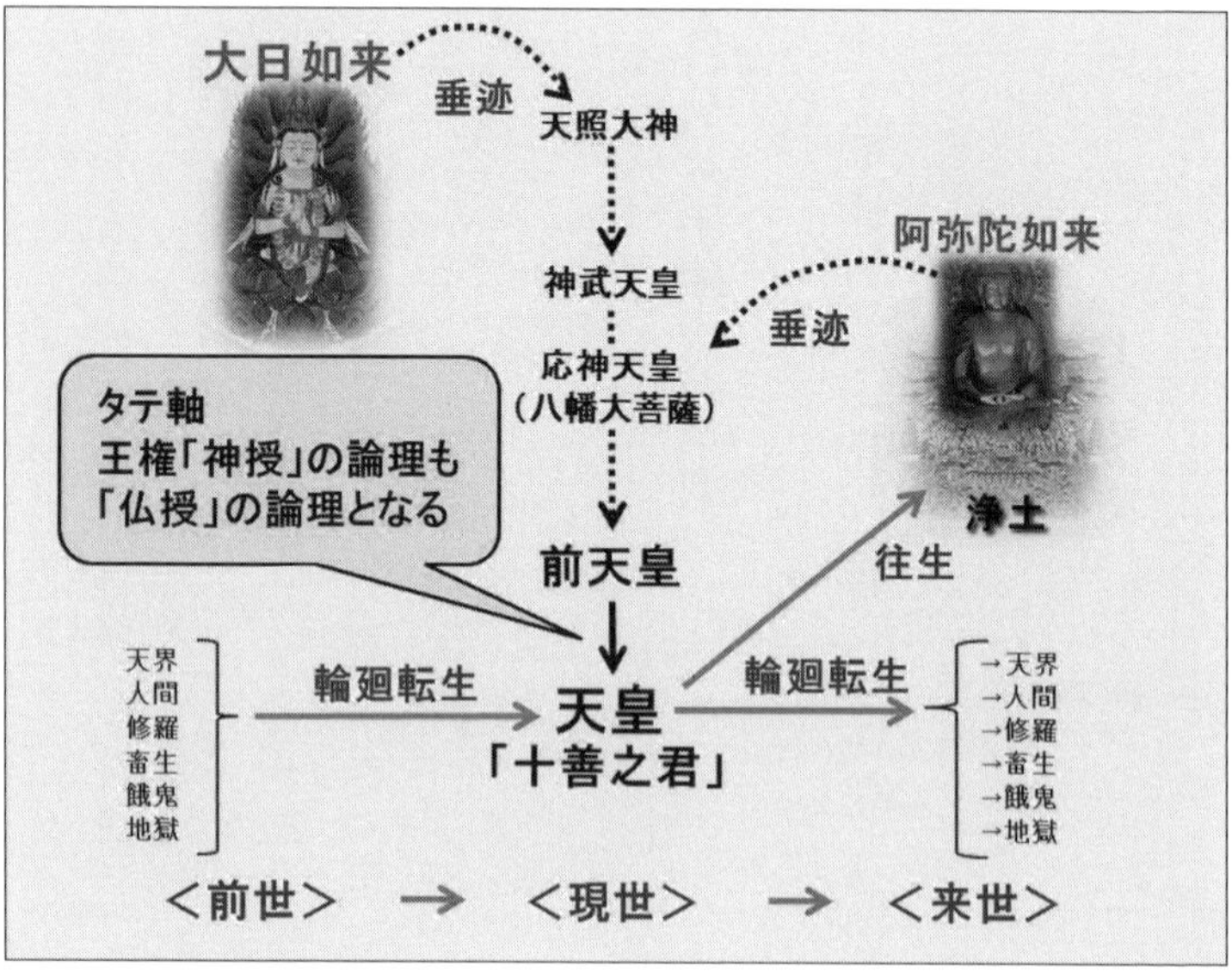

図７　本地垂迹説の王権観

迹神とされました。もう一つの祖先神としての八幡神は、応神天皇の神格化した存在とされ、これは阿弥陀如来または釈迦如来の垂迹神とされるようになりました。こうして王権「神授」の論理は、ヨコ軸とタテ軸の両方からの王権「仏授」の論理によって包摂されるに至ります。

こうした観念は、天皇の即位儀礼に反映しました。中世には即位儀において、即位灌《かん》頂《じょう》という密教的な所作が採り入れられ、天皇はその両手で大日如来の智拳印を結びながら、大日如来の真言を唱えるようになります。後醍醐天皇が袈裟を着けて描かれる清浄光寺蔵の有名な肖像画では、このことを意識してか、大日如来から密教を直接に伝授された弟子であり、その化身ともされる金剛薩埵《さった》を連想させるような身構えで、密教法具を持つ天皇が描かれています。大日如来と天皇との一体化が観念され、顕示されたのです。

また、「大日本国」という国号についても、本地垂迹説によって再解釈がなされます。この四文字を「大日の本国」と読みかえ、大日如来の本国という意味だとする説明が流布したのです。このような説明の初見史料は、一〇六〇年に成尊《せいぞん》が記した『真言付法纂要抄』の次の記述です。

神は天照尊と号し、刹《せつ》は大日の本国と名づくか。自然の理、自然の名を立つ。

このように、天照大神と大日如来とが関連づけられ、日本の国号が大日如来の本国としての本性を反映していると説明しています。またこの前後の箇所には、次のような記述も見えます。

そもそも贍部洲八万四千聚落《しゅうらく》の中、ただ陽国の内、秘密教を盛んにする事、上に見ゆ。（中略）東乗陽谷は鄙たりと雖も、みな是れ大種姓人たり、

つまり贍部洲のなかで、日本ではとりわけ密教が盛んになったため、「鄙」つまり粟散辺土であるにもかかわらず、ここに住む人々は「大種姓」だとまで述べています。ここには「大日の本国」という意識と相俟って、国際的な優越感が窺える点が重要です。なお、この書を記した成尊は、真言密教の僧侶で、天皇護持僧の一人でした。密教による王権護持を担当していた護持僧が、このように優越的な自国認識を提示していた点は、本地垂迹説の成立や展開を考える上で重要です。

いっぽう、記紀神話も、本地垂迹説に基づいて大きく改変され、「中世日本紀」と呼ばれる創作神話が続出したことが知られています。例えば無住の『沙石集《しゃせきしゅう》』が伝える神話では、イザナギとイザナミによる国産み神話が大きく改変され、天照大神が国産みをする設定に変更されていました。天照大神が鉾で海中を探っているうちに、仏法が流布する国ができそうになったため、第六天の魔王がそれを察知し、妨害しようとしました。そこで天照大神は、ここを仏法流布の国にしない旨の偽りの約束をしたところ、魔王からの妨害を免れて日本の国ができあがり、結果的に仏法流布の国となりました。この国内で伊勢神宮のみ、仏教関係をタブーにしているのは、祭神の天照大神と魔王との約束があったからとしながらも、この天照大神は実は大日如来の垂迹神にほかならない、という趣旨です。ストーリーとしては無茶苦茶ですが、本地垂迹説の深化の様子を窺うことができます。

ところで、以上のように本地垂迹説が展開した背景には、先ほどの「大日の本国」説のところで触れたことと関連しますが、国際認識の捉え直しがあったと考えられます。そもそも像法や末法の世になれば、仏教が衰退すると予想され、大陸ではたしかにそのような傾向が強まっていると認識されていました。例えば、七世紀に玄奘《げんじょう》が記した『大唐西域記』には、インドでの法難の様子が記されていました。中国においても、三武一宗の法難があり、とりわけ九世紀の唐の武宗による仏教弾圧については、唐に留学中だった円仁の体験談が『入唐求法巡礼行記』に記されていました。日本でも、平安時代中期に末法思想が流行し、危機感が煽られる時代を迎えていたはずでした。

ところが、そのような危機感が功を奏してか、日本では平安時代の中期から後期にかけて仏教興隆事業が展開し、寺院の建立が続きました。つまり日本では末法の世になっても、むしろ仏教の繁栄が続いているという側面が注目されるようになりました。とりわけ仏教のなかでも密教については、空海・円仁・円珍らが、唐の有名な僧侶から直伝された教えを持ち帰り、日本でこそ繁栄した点が強調されました。なぜ日本ではこれほどまでに仏教が繁栄したのか。それは、日本の神々が「護法善神」として仏教を擁護してくれるからだと。ではなぜ日本の神々が仏教を擁護したのか。それは、日本の神々が如来や菩薩の垂迹神にほかならないからだと。こうして、かつて外来宗教だったはずの仏教は、末法における仏教興隆事業を経て、ついには日本が誇るべき国粋的要素として喧伝されるようになりました。これがもう一つの国粋的要素「神国」意識と結びつき、本地垂迹説が展開したのです。

やがて鎌倉時代の中葉になりますと、中国の有名な禅僧が直々に日本にやってきて、禅を伝えるというできごとが起こります。このことは、仏教をめぐる国際的な優越意識をいっそう刺激し、補強したと考えられます。やがては日本の神が禅僧に参禅したという神話も語られるようになり、本地垂迹説は、中世後期にかけて新たな展開期を迎えたのです。

◇結びにかえて――本地垂迹説の相対化と消滅

本日お話ししたことをまとめておきます。本地垂迹説は、仏教の影響力の深まりを示すだけでなく、神の普遍性と独自性の両側面を補強する解釈でもあったという点を強調しました。つまり本地垂迹説によって、神祇信仰は軽視されたのではなく、逆に補強された側面があったということです。しかも本地垂迹説は、王権正当化の論理にもなっていて、ヨコ軸の個人的因果からのみならず、タテ軸の王権「神授」の論理をも、「仏授」の論理で包括し直すものでした。以上のような捉え方は、国際的な優越意識との関連から生まれ、そしてそれを育んでいった側面もあるということです。

いっぽう、本日の話から展望しておきたいのは、やがて本地垂迹説が相対化される時代を迎えるということです。例えば戦国時代になりますと、吉田神道が地方に広がり始めます。吉田神道は、神々の本地を仏と見なさず、「神本仏迹」の教説を展開していました。根源的な神格を想定し、仏教や道教もそこから派生したと捉え直しました。仏教が得意としていた宇宙論的解釈に挑戦し、根源的な神格を創出してそれを説明しようとしたのです。こうした神本仏迹説が地域社会にも併存するようになります。

しかもそれ以上に大きな影響を与えたと考えられるのは、同じく戦国時代に、西洋から須弥山世界観とは矛盾する世界観がもたらされたことです。例えば、太陽ではなく地球のほうが回転しているという地動説や、地球は球体であってこれを一周できるという地球球体説などです。とりわけ地球球体説は、大航海時代の事実認識としてもはや明白でした。仏教の時空観が揺らぎ、仏教の捉え方が相対化されるきっかけにもなったはずです。

さらに江戸時代になりますと、儒学の展開、さらには国学の展開によって、仏教批判の立場に立つ人々が社会のなかで大きな勢力となる時代を迎えます。仏教の捉え方の相対化は、いっそう進みました。

ただし、このような時代になっても、本地垂迹説はただちには消滅しませんでした。それは、仏と神と王権との三者関係の説明がそれなりの体系性を持っていたためでしょう。本日お話ししましたように、本地垂迹説は、仏教重視の捉え方だけではなく、神祇信仰を補強し、しかも王権正当化の論理をも内包していました。それゆえに、仏教批判が展開する時代に大きく揺らぎながらも、それなりに生きながらえたのだろうと思います。本地垂迹説が最終的に崩壊するのは、王権正当化の論理が根本から変わる時でした。それが日本における王権の近代化と神仏分離だったということです。

話が長くなってすみませんが、私からは以上でございます。

主要参考文献

・伊藤　聡『中世天照大神信仰の研究』（法藏館、二〇一一年）
・上島　享『日本中世社会の形成と王権』（名古屋大学出版会、二〇一〇年）
・定方　晟『須弥山と極楽――仏教の宇宙観』（講談社現代新書、一九七三年）
・佐藤弘夫『神・仏・王権の中世』（法藏館、一九九八年）
・平　雅行「神仏と中世文化」（歴史学研究会・日本史研究会編『日本史講座　第四巻　中世社会の構造』東京大学出版会、二〇〇四年）
・――――「神国日本と仏国日本」（懐徳堂記念会編『世界史を書き直す・日本史を書き直す――阪大史学の挑戦』和泉書院、二〇〇八年）
・高取正男『神道の成立』（平凡社ライブラリー、一九九三年）

追記　当日の口頭報告を基に、加筆修正をしましたが、紙数の関係で、先行研究への言及を欠いたままとなってしまいました。先学への非礼をお詫びいたします。

発題 二

近世史研究からみた神仏分離

上野大輔

上野大輔（うえの　だいすけ）
一九八三年山口県生まれ。熊本大学文学部卒業、京都大学大学院文学研究科博士後期課程修了、博士（文学）。現在、慶應義塾大学文学部准教授。主な研究領域は日本近世史。主な論文に「幕末期長州藩における民衆動員と真宗」（『史林』九三巻三号、二〇一〇年）、「幕末期の戦争と寺院・僧侶――長州藩の事例より」（『史學』八四巻一～四号、二〇一五年）など。

皆さん、こんにちは。本日は「近世史研究からみた神仏分離」ということで報告させていただきます。報告の内容ですが、まず明治維新期の神仏分離に関する先行研究と法令を確認いたします。次に、近世史研究の成果をもとに近世（安土桃山時代～江戸時代）の神仏関係についてお話しします。それを踏まえ、最後に明治維新期の神仏分離を再考してみたいと思います。途中で長州藩地域にも言及いたします。

◇先行研究

明治維新期の神仏分離については、まず仏教史と関わる調査・研究の蓄積が注目されます。一九二〇年代の後半には『明治維新神仏分離史料』が刊行されました。この仏教史と関わる議論においては、「廃仏毀釈」とつなげた把握がなされ、神仏習合も視野に収められていることが確認できます。この議論は、のちの諸研究に影響を及ぼしています。

例えば、辻善之助さんは『明治仏教史の問題』と題する著書の冒頭部分である「第一題　神仏分離と廃仏毀釈」において、「明治初年に、神仏分離の令が一たび出《い》でてより、千有《ゆう》余《よ》年、民庶の信仰を支配したる神即《そく》仏といふ思想の形式は、一朝にして破壊せられ、之《これ》についで廃仏毀釈が盛《さかん》に行はれ、歴史に富み由緒の深き神社仏閣が、この破壊的蛮風《ばんぷう》に荒されたるものが少なくないのである」と記しています（辻善之助『明治仏教史の問題』二頁）。

また、圭室《たまむろ》文雄さんは『国史大辞典』の「神仏分離令」の解説で、「明治政府は江戸時代の仏教国教化政策を否定し、神道国教化政策をすすめた。その過程で神社の中から仏教的色彩を排除しようとしたのが、神仏分離政策である。（中略）神仏分離に端を発した一連の廃仏毀釈運動は、まさに焚書抗儒《ふんしょこうじゅ》の再来ともいうべきもので、全国いたるところで、数多くの文化財が灰燼《かいじん》に帰し、多くの寺院が破却された」と記しています（圭室文雄「神仏分離令」九二〇頁）。

一方、一九七〇年代後半の安丸《やすまる》良夫さんの研究で、近代天皇制国家の支配体制と民衆との葛藤が、宗教の側面から照射されたことを一つの契機として、八〇年代以降、近代史や神道史の立場からの取り組みが大きく進展しました。ここでの成果は、従来からの「国家神道」論とも関連してきます。

例えば、安丸さんは『日本史大事典』の「神仏分離」の解説で、「明治初年に維新政府が天皇の神権的権威の確立のためにとりいれた、神道保護と仏教抑圧のための宗教政策」であるとし、「明治維新以前の日本の宗教は、神仏習合を基本的性格としていた」とも記しています（安丸良夫「神仏分離」一四七七頁）。

また、羽賀祥二《はがしょうじ》さんは『日本近現代史研究事典』の解説「御一新《ごいっしん》と神仏分離」で、「暴力的な排仏という形を取らずとも、明治一〇年代まで続いた神社改正（中略）を通じて神々の領域と仏教の領域とは制度上、施設上で分離が進んでいった。神仏が融合した宗教のあり方（神仏習合）（中略）を破壊し、さらに純粋な神道信仰と組織を作り上げようという創造の運動として、それはあった。（中略）維新の宗教改正の源は、水戸・長州・土佐各藩などの天保改革にあった。そこでは僧侶への統制、寺院廃合などの排仏政策、皇国の正統な神々ではない路傍《ろぼう》の石祠《せきし》の撤去（「淫祀《いんし》解除《ときのけ》」）などが行われていた」とされます（羽賀祥二「御一新と神仏分離」四五〜四六頁）。

安丸さんや羽賀さんの議論には、もちろんオリジナルな要素も含まれていますが、神仏分離をめぐる基本的な事実関係の理解は、辻さんや圭室さんとさほど変わっていないことに気づかされます。つまり、神仏習合だったのが、神仏分離令によって分かれて、仏教が被害を受けたというイメージになります。もちろん、私はそれを否定するというわけではありません。ですが、見直す余地もあるのではないかという観点から、勉強しているところです。その意味では、神道史の立場から、神仏習合が転換したという議論や神仏分離令が「廃仏毀釈」と一体的であったという議論の再検討がなされていることが、重要な意味を持ってくるのではないかと考えています。

◇関連法令

ここで、圭室さんや安丸さんが先述の辞書での解説で論及された法令の主旨を、確認してみたいと思います。いずれも慶応四年（明治元年・一八六八）の神社に関する法令です。『明治年間法令全書』という史料集をもとに、みてまいります。

まず三月十三日令では、すべての神社や神主《かんぬし》・禰宜《ねぎ》・祝《ほうり》・神部《かんべ》は神祇官《じんぎかん》に属することが命じられました。

次に三月十七日令では「神社の別当《べっとう》や社僧《しゃそう》は復飾《ふくしょく》せよ。もし差し支えがあれば申し出よ」（現代語訳。以下同）とされます。復飾とは、僧侶が俗人に戻ることで、還俗《げんぞく》ともいいます。

続いて三月二十八日令は、狭い意味での「神仏判然《はんぜん》令」として、特に注目されているものです。「権現《ごんげん》・牛頭天王《ごずてんのう》その他の仏語を神号とする神社は由緒を提出せよ。仏像を神体とする神社は改めるように。仏像・鰐口《わにぐち》・梵鐘《ぼんしょう》・仏具などは取り除くように」と命じられています。

これを受けて破壊活動が展開することもあったため、四月十日令が出され、「社人がにわかに威権を得て御趣意と称して私憤を晴らすような所業に至っては、御政道の妨げとなるだけでなく、紛擾《ふんじょう》を引き起こすのは必然である。そうなっては許されるものではないので、穏やかに取り扱うのはもちろん、僧侶も生業の道を失わず、国家の御用に立つように心がけよ。神社の仏像・仏具を取り除く場合も一々伺って指図を受けること。もし粗暴の振る舞いがあれば処罰する」とされました。

また、閏《うるう》四月四日には「別当・社僧は還俗して神主・社人などに転じ、神道を以て勤《きん》仕《じ》せよ。もし差し支えがあり、または仏教を信仰していて還俗を承知できない者は、神への勤めをやめて立ち退くように」と命じられます。

閏四月十九日令には「神職の一家は神葬祭《しんそうさい》にせよ。別当や社僧が還俗して神職に加わった場合の席順などは、まずこれまでの通りとせよ」とあります。

最後に九月十八日令ですが、「破仏の趣意では決してないが、僧侶でみだりに復飾を願い出る者が往々《おうおう》にしており、いわれのないことである」とされます。

◇法令と解説のズレ

以上の法令をもとに、「廃仏毀釈」や「仏教抑圧」とつなげた解説がなされています。私は、法令がこういった要素と無関係だといいたいわけではありません。ですが、必ずしも法令の文面と解説が合致していないように思われました。つまり、仏教を破壊せよとは述べられていないわけです。政府の側で独自の意図があるに違いないと思われます。

実はこのほかに、寺院に関する法令が出ています。寺院から神道的要素を除く法令もありますが、先述の圭室さんや安丸さんの解説では取り上げられず、神社から仏教的要素を除く法令が注目され、「廃仏毀釈」へとつなげられています。その意味では、偏った議論になっているわけです。

補足しますと、明治二十六年（一八九三）に出版された内務省社寺局編『現行社寺法規』という法令集があります。そのなかに「神仏分離」という項目があり、三件の法令が挙がっています。一件目は三月二十八日令です。次は、同年の四月二十四日令で、石清《いわし》水《みず》・宇佐・筥崎《はこざき》などの八幡大菩薩の称号をやめ、八幡大神と称えるように命じたものです。

そして最後が同年十月十八日令で、法華宗諸本寺《ほんじ》に宛てたものです。ここでは「神仏混淆《こんこう》は廃止となったが、法華宗では三十番神《さんじゅうばんしん》と称して天照大神《あまてらすおおみかみ》やその他の神祇を祀《まつ》り、曼荼《まんだ》羅《ら》の内に天照大神・八幡大神などの神号を書き加え、その上、死体に着せる経帷子《きょうかたびら》などにも神号をしたためており、実にいわれのないことで、今後は禁止となったので、神号を混在させないように心得て、宗派の末端まで通達せよ」との旨が記されています。そして但し書きでは「これまで祭ってきた神の像など法華宗で設けた分は速やかに焼却せよ」とされ、「もし由緒があって昔から祭っている類《たぐい》は取り調べて神祇官に伺い出るように」とされています。

以上の諸法令をどう理解するのかということについては、のちほど述べることとして、明治維新期の前提をなす近世の状況について先に踏まえておきたいと思います。と申しますのも、神仏分離令の前の近世という時代は、神仏習合の時代というだけでは片付けられないからです。それでは、近世の神仏関係についてみてまいりましょう。

◇身分的・宗派的分離と非分離状況

まず、幕藩領主による寺社領の宛行《あてがい》、寺社法度の制定、寺社帳の作成などに着目しますと、寺院と神社、僧侶と神職が区別されているようです。例えば、幕府による寛文五年（一六六五）の諸宗寺院法度《しょしゅうじいんはっと》と諸社禰宜神主法度《しょしゃねぎかんぬしはっと》、あるいは長州藩による万治三年（一六六〇）の諸寺法度条々《しょじはっとじょうじょう》と社家法度条々《しゃけはっとじょうじょう》も、別個に制定されています。

また、諸社禰宜神主法度を後ろ盾に、京都の吉田家（吉田神社）が神職を編成します。いろいろな免許状を出して、配下に組み込んでいくわけです。そして配下の神職と、それとは別に存在している社僧らとの間で紛争が発生し、神仏習合的な神社祭祀が変容した事例が知られています。神職が、社僧や仏像を排除して、神社の祭礼を主導していくような事例もあります。逆に、社僧らが勝つ場合もありました。前者の、神職が主導していくような事例に注目した高埜《たかの》利彦さんは、これを「プレ神仏分離」と呼んでいます。

このように、身分・職分の枠組みを与える統治の下、宗教者の主体的な動向も相俟って、僧侶・神職などの身分集団化が進展しました。ここには、身分的な分離という近世独自の論理が見出されます。また、諸宗の教団組織が発達し、幕府の宗派分割方針にも規定されて、宗派的な分離が実現します。こうして身分や宗派に応じた教義・儀礼なども整えられていきました。

一方で、非分離状況も確認できます。「未分離」といわずに「非分離」と呼んでおきたいと思いますが、これは天台宗・真言宗をはじめ、真宗以外の宗派に顕著です。具体的には、寺院の境内に神社が設けられたり、逆に神社の境内に寺院が設けられたりします。また、神社の祭礼を社僧や山伏が勤めたり、ご神体が仏像だったりというように神仏像が混在しています。そして、それらを根拠づける習合説や由緒が唱えられました。こうした状況が、神職の集団化と摩擦・対立を生じつつも、近世を通じて広範に存続していました。ちなみに長州藩の概況は、『防洲諸社・長州諸社』『防長地下《じげ》上申』『防長寺社由来』『防長風土注進案』などから判明します。

◇思想・認識レベルでの分離と習合

次に、思想・認識レベルの問題を補足しますと、仏教や儒教とは異なる「我国（日本）

の道」としての神道という認識が近世に一般化したという、小林准士《じゅんじ》さんの指摘が注目されるところです。こうして神儒仏（神道・儒教・仏教）の関係もさまざまに問われるわけですが、これらの一致を説く三教一致論《さんきょういっちろん》は、文字通り三つの分離を前提としているわけです。本地垂迹説《ほんちすいじゃくせつ》や神仏一致説のように、神仏をいったん区別した上で習合させる（一つにまとめ上げる）思想も、中世に引き続き展開しました。

また、法令や支配帳簿以外の文献上で、寺社や神仏の区別が確認できます。地誌や絵図などに私は注目しています。例えば、長州藩の絵図方雇《やとい》の有馬喜惣太《きそうた》らが六代藩主毛利宗広《むねひろ》の御国廻《おくにまわ》りに際して作成した「御国廻御行程記」という絵図があります。寛保二年（一七四二）に作成されています。これを見ますと、「寺」「堂庵《どうあん》」「本宮」「小宮」「市恵美《いちえび》須《す》」などの絵が赤で彩色されていますので、これらは宗教施設なのだということがわかります。そのなかの「寺」「堂庵」名には四角囲みがありまして、その内部が緑で彩色されています。一方、「本宮」「小宮」名の四角囲みの内部は桃色で彩色されていまして、神仏が識別されているということが、色でわかります。ほぼ同時期の『防長地下上申』や十九世紀半ばの『防長風土注進案』も、寺社（社寺）を区別して立項しています。

以上のように、近世において神仏はかなり分離していましたが、そうでない局面も確実に存在していました。よって、単純に分離か習合かの一方だけでは、片付けられないということです。小林さんも指摘しているように、地域差や宗派差にも注意を要します。それがひいては、明治維新期の神仏分離政策への反応の差ともなったことが想定されます。

◇長州藩地域の寺院と檀家

ここで、長州藩地域の寺院と檀家の状況に関する【表】を示しておきます。時期は明治三年（一八七〇）頃です。この時期に作成された明細帳が山口県文書館にありますので、それをもとに作成しました。各宗派の寺院数・寺院率、檀家数・檀家率、寺院ごとの檀家数平均を計算しています。宗派は、寺院数の多い順に並べています。

ご覧の通り、長州藩地域では真宗が最大の勢力を有しています。真宗が本格的に伝わってきたのは戦国時代なのですが、それから着実に勢力を拡大しまして、全寺院の四割強、全檀家の六割強を占めるに至りました。その次に寺院数が多いのは曹洞宗です。そして浄土宗ですが、檀家数で申しますと、浄土宗が曹洞宗を少し上回っているようです。そして、臨済宗と真言宗も一定の寺院数があります。日蓮宗（法華宗）や天台宗の寺院は非常に少

【表】長州藩地域の寺院と檀家（明治3年頃）

宗派	寺院数	寺院率(%)	檀家数	檀家率(%)	檀家数平均
真　　宗	681	43.7	111,606	62.2	163.9
曹 洞 宗	358	23.0	25,972	14.5	72.5
浄 土 宗	200	12.8	29,633	16.5	148.2
臨 済 宗	125	8.0	7,229	4.0	57.8
真 言 宗	110	7.1	2,286	1.3	20.8
黄 檗 宗	37	2.4	613	0.3	16.6
日 蓮 宗	27	1.7	1,964	1.1	72.7
真言律宗	12	0.8	0	0	0
天 台 宗	6	0.4	0	0	0
時　　宗	3	0.2	79	0	26.3
計	1,559	100.1	179,382	99.9	115.1

※「旧岩国藩本末寺号明細帳」「旧山口藩本末寺号明細帳」「旧豊浦清末藩本末寺号明細帳」「諸宗寺院書上」をもとに集計。ただし、「旧岩国藩本末寺号明細帳」において檀家記載を欠く臨済宗1カ寺・真宗塔中1カ寺、檀家記載のある真宗法名本2件を除外。率・平均の値は小数第2位を四捨五入。なお、「法華宗」とある寺院も「日蓮宗」に含めた。

ないのですが、日蓮宗の檀家は一定数あります。

藩内最大宗派の真宗の場合は、阿弥陀仏だけに帰依するということに定まっていますので、真宗寺院の本尊は阿弥陀仏であり、住職は真宗僧侶です。施設・本尊・人が、仏教（真宗）の系列で統一されているようにイメージできます。また、真宗門徒はこのような寺院・僧侶とつながりを持つ一方で、氏子などとして神社ともつながりを持ちましたが、寺院・僧侶とのつながりと神社・神職とのつながりは、一応場面が分かれており、近世段階でかなり区別されていました。よって、明治維新期の神仏分離令の影響をほとんど受けなかったケースが多いように思われます。まだ大雑把な指摘にとどまっていますが、話を先に進めます。

◇近代化と神仏分離

それでは明治維新期の神仏分離とは何であったのか、そして神仏分離研究に求められる視角は何なのかという問題に説き及ぶことで、結びに代えたいと思います。

明治維新は日本が近代化する際の重要な画期とされますが、私は近代化を、国民国家化・資本主義化・市民社会化の三つの契機からなる時代の変化として理解しています。このうちの国民国家化が問題となります。

日本では、「神道」を結集軸とする国民統合が図られました。ここでの「神道」は、神祇信仰というよりもナショナリズム（国家主義）の表現です。つまり、神の子孫とされる天皇を戴《いただ》く国の歩み、というような意味になります。この歩みに参加することで国民となるというような仕組みです。世代によっては、国体論といったほうが伝わりやすいかもしれません。

このような「神道」的な国家体制をはっきりさせるために、皇室・神社・神職などを仏教と分離する必要が生じ、先に挙げた法令などでそれが試みられたものと思われます。すなわち、神社・神職・神体と寺院・僧侶・仏像を制度的・空間的に分離し、特定の仏号・神号の禁止といった用語上の統制も図られました。神仏分離令というのは、そのような法令だろうと理解しています。

その意味では、仏教への抑圧は主たる目的・趣旨ではないと考えられます。ですが、しばしば仏教への抑圧を伴ったのは事実です。藩や県によっては、そのスタッフに排仏論者が登用される場合もあり、仏教への抑圧が先鋭化したケースもあります。

また、神仏分離令以外で、結果的に仏教への抑圧として機能するような政策もありました。例えば、版籍奉還・廃藩置県が断行されますし、上知令《あげちれい》といって境内地を除く寺社の所領《しょりょう》が没収され、一定の補償もなされます。補償がなされるとはいっても、やはり有力寺社は従来のような政治的保護と経済的基盤を失うこととなりました。また、住職・檀家《だんか》のいない寺院や貧しい寺院の統廃合もなされ、これによって廃絶した寺院があります。神社も統廃合の対象とされました。こうした事態は、神仏分離令が出て寺院・僧侶が被害を受けたこととは区別されるものです。区別した上で、史料に基づいて事実関係を整理し、相互の関係を検討する必要があると思っています。

ちなみに長州藩では、財政の再建と関わり、明治二年（一八六九）から寺社の統廃合が進められています。寺社が多すぎると判断されて、それを減らそうというわけです。そのなかで、寺社地の免税が解除されたり、寺社への支給金が減額されたりしています。これについては『山口県史』の通史編・近代や史料編・近代1に解説があります。こうした政策は、寺社に大きな影響を与えたと思われます。長州藩でも明治初年、先ほどの【表】の前後の時期に統廃合された寺社やお堂・祠などが、かなり確認できます（『山口縣風土誌』）。もちろん、いきなり破壊するわけではありません。現場の事情も一方では考慮しながら、統廃合が推進されました。

◇元治元年の神仏分離とその後

ところで、神仏分離政策ないし国民国家形成に（結果論であっても）接続するような動きが近世後期にあり、それを探る研究もなされてきました。国学・水戸学、水戸藩・津和野藩などが注目されます。

これらに比べるとあまり知られていないと思いますが、実は長州藩では、五名の神職・藩士（青山上総《かずさ》・世良《せら》孫槌《まごつち》・佐甲《さこう》但馬《たじま》・三戸《みと》詮蔵・天野小太郎）による文久三年（一八六三）七月の神祇道建白書を受けて、元治元年（一八六四）五月より神仏分離政策が展開しています。これについては、北川健さんが論文で明らかにされています。

具体的には、神仏を一緒に祭る相殿《あいどの》というものを禁止します。神社のご神体の仏像は取り除いて、他の寺院やお堂に移します。それらを焼き捨てるというのではなく、基本的には、近隣のつながりがある寺院やお堂に移すケースが多いと思います。それから、牛頭天王を祭ることを禁止していますし、本地垂迹説と関わる権現社という称号も他のものに変更するよう命じられました。このような政策が実施され、必ずしも藩の思惑通りにはいかなかったようですが、確実に影響を及ぼしており、明治政府に引き継がれた部分もあると考えられています。これは北川さんの研究成果ですが、その根拠をなす史料を確認すると、他にもいろいろとわかることがあります（例えば元治元年二月、社家は妻子・下人《げにん》に至るまで神葬祭とし、宗門改めの際も神道で登録することが、藩の寺社奉行より指令されています。これは、萩の春日社の中麻原《なかおばら》備前守による同月の申し出を受けて決定されたものです）。それらをきちんと提示していくことは、今後の課題です。

少なくとも右の成果を踏まえると、山口県において今年（二〇一八年）は神仏分離一五四年になるということを、申し添えておきたいと思います。

そして明治期にかけてさまざまな試行錯誤を経て、「神道」は日本のナショナリズムとしてかなりの定着をみました。神仏分離令だけでは不十分で、いわば「天皇を戴く国の歩み」というものを人々に教えなければなりません。神の国ということで、神話の時代から教えます。僧侶や神職を動員して布教しますが、必ずしも上手くいきませんでした。その後、学校教育を通じて徹底が図られます。こうして、ナショナル・アイデンティティといいますか、いわば日本人の拠り所となるものが、かなり共有されることになったようです。

歴史教育も大きな役割を担っていると思います。

一方で仏教はどうなったかといいますと、これについては近年、近代仏教史研究が大きく進展し、そのなかでも指摘されることですが、仏教もナショナリズムの構成要素になったと思われます。この点と関わる「日本仏教」論も注目されます。こうして「神道と仏教は別のものだが、いずれも重要なものだ」という意識が、国民的な規模で共有されるようになったのではないでしょうか。

以上は、日本における独自の国民国家形成の歴史ですので、そういう意味では、宗教史の問題であると同時に、宗教史を超えた問題でもあります。

◇神仏分離研究の視角

注意を要するのは、神仏分離令で神仏習合から分離へと一挙に変わるわけではないという点です。ですが、非分離状況がかなり強引に分離されました。それによってさまざまな紛争・混乱や、いわゆる抑圧的な状況が生じたのは事実だと思います。この法令を受けて「廃仏毀釈」ないし破壊活動がもたらされるということもありました。しかし、この法令と破壊活動は完全に一体というわけではありません。いったん区別した上で、その関係性を検討するというような手続きが必要だと思います。

神仏分離を研究する上では、仏教側のいわゆる法難史観的な議論を相対化（否定ではなく相対化）した上で、まず神仏分離をめぐる諸主体（必ずしも一枚岩ではない政府・寺社・住民など）のうちの、どの主体の動向なのかを区別して、分析を進める必要があります。次に、分離の対象となる施設・人・モノを区別する必要があります。また、制度上の分離なのか、空間的な分離なのか、特定の言葉の禁止など用語上の問題なのか、あるいは思想・信仰の中身に踏み込んだ問題なのか、といったさまざまなレベルに注意する必要があると思います。つまり、誰が、何を、どのように分離しようとしたか、ということです。

そして、神仏分離の時期差・時代差の問題もあります。慶応四年（一八六八）以降の時期的段階差はもちろんですが、それ以前の時代の状況や、今日の事情も、重要なテーマとなるに違いありません。神仏分離は明治維新期に限定されないテーマであり、神仏関係の長期的な推移を問う立場からの検討が求められると思います。

その意味でも、今回の神仏分離一五〇年シンポジウムは重要なステップになるのではないかと、個人的に感じているところです。こうしたシンポジウムなどを踏まえた研究の進展が課題となることを申し上げ、私の報告とさせていただきます。

参考文献

・青山幹生・青山隆生・堀　雅昭『靖国の源流――初代宮司・青山清の軌跡』（弦書房、二〇一〇年）
・上野大輔「神仏分離研究の視角をめぐって」（岩田真美・桐原健真編『カミとホトケの幕末維新――交錯する宗教世界』法藏館、二〇一八年）
・木京睦人「明治初期山口藩の宗教政策――寺院整理を中心に」（『山口県地方史研究』七九、一九九八年）
・北川　健「幕末長州藩における神仏分離の展開」（『山口県文書館研究紀要』七、一九八〇年）
・小林准士「神道と仏教」（佛教史学会編『仏教史研究ハンドブック』法藏館、二〇一七年）
・近藤清石編・三坂圭治監修『山口縣風土誌』全十四巻（歴史図書社、一九七二〜七五年）
・阪本是丸「神仏分離研究の課題と展望」（同『近世・近代神道論考』弘文堂、二〇〇七年。初出二〇〇五年）
・佐藤眞人「神仏分離」（大久保良峻・佐藤弘夫・末木文美士・林　淳・松尾剛次編『日本仏教34の鍵』春秋社、二〇〇三年）
・島薗　進「一九世紀日本の宗教構造の変容」（『岩波講座近代日本の文化史2　コスモロジーの「近世」』岩波書店、二〇〇一年）
・――――『国家神道と日本人』（岩波新書、二〇一〇年）

・高埜利彦『近世日本の国家権力と宗教』（東京大学出版会、一九八九年）
・――「江戸時代の神社制度」（同『近世の朝廷と宗教』吉川弘文館、二〇一四年。初出二〇〇三年）
・圭室文雄『神仏分離』（教育社歴史新書、一九七七年）
・――「神仏分離令」（『国史大辞典』第七巻、吉川弘文館、一九八七年）
・辻善之助『明治仏教史の問題』（立文書院、一九四九年）
・――・村上専精・鷲尾順敬編『明治維新神仏分離史料』全五巻（東方書院、一九二六〜二九年）
・内閣官報局編『明治年間法令全書』第一巻（原書房、一九七四年）
・内務省社寺局編『現行社寺法規』（報行社、一八九三年）
・羽賀祥二『明治維新と宗教』（筑摩書房、一九九四年）
・――「御一新と神仏分離」（鳥海靖・松尾正人・小風秀雅編『日本近現代史研究事典』東京堂出版、一九九九年）
・林　淳「社寺領上知令の影響――「境内」の明治維新」（岩田・桐原編前掲『カミとホトケの幕末維新』）
・引野亨輔「近世後期の地域社会における「神仏分離」騒動」（澤博勝・高埜利彦編『近世の宗教と社会3　民衆の〈知〉と宗教』吉川弘文館、二〇〇八年）
・堀　雅昭『靖国誕生――幕末動乱から生まれた招魂社』（弦書房、二〇一四年）
・村上重良『国家神道』（岩波新書、一九七〇年）
・安丸良夫『神々の明治維新――神仏分離と廃仏毀釈』（岩波新書、一九七九年）

・――――「神仏分離」（『日本史大事典』第三巻、平凡社、一九九三年）
・――――・宮地正人校注『日本近代思想大系5　宗教と国家』（岩波書店、一九八八年）
・山口県編『山口県史』史料編・近代1（同県、二〇〇〇年）
・――――『山口県史』通史編・近代（同県、二〇一六年）
・山口県神社庁編『防洲諸社・長州諸社』（同庁、二〇〇二年）
・山口県地方史学会編『防長地下上申』全四巻（同会、一九七八～八〇年）
・山口県文書館編『防長風土注進案』全二二巻および編外（山口県立山口図書館、一九六〇～六六年）
・――――『防長寺社由来』全七巻（同館、一九八二～八六年）
・――――『絵図でみる防長の町と村』（同館、一九八九年）
・「旧岩国藩本末寺号明細帳」（山口県文書館「県庁文書」戦前A社寺七六）
・「旧山口藩本末寺号明細帳」（山口県文書館「県庁文書」戦前A社寺七七～八三）
・「旧豊浦清末藩本末寺号明細帳」（山口県文書館「県庁文書」戦前A社寺八四）
・「諸宗寺院書上」（山口県文書館「徳山毛利家文庫」藩庁九〇）

発題 三

現代の宗教者から捉えなおす神仏分離と宗教的寛容

木村延崇

木村延崇（きむら　えんしゅう）
一九七三年静岡県生まれ。駒澤大学仏教学部卒業、曹洞宗教化研修所（現、曹洞宗総合研究センター）修了、駒澤大学大学院仏教学専攻博士後期課程修了。現在、山口県萩市曹洞宗海潮寺副住職。

◇長州の寺院統廃合

本日は宗教者の立場から、またこのたびのシンポジウムを企画させていただいた立場から、問題提起あるいは、この後の議論の叩き台という感じで、お話しさせていただければと思っています。

はじめに明治維新を先導していった長州藩と薩摩藩では、神仏分離令の前後、どのようなことが起こっていたかということを、対比的にみていきたいと思います。

まず山口県（長州・防州）の場合を寺院数の推移の視点からみてまいります（以下、山口県の事例については、村田安穂『神仏分離の地方的展開』一九四～一九九頁を参照）。江戸時代末期の寺院総数は全宗派合わせて約一七〇〇カ寺でしたが、明治八年（一八七五）までには約四〇〇カ寺が廃寺になっています（廃寺率二三パーセント）。しかし宗派によってその傾向が大きく異なります。もともと浄土真宗は七〇〇カ寺あまり、全宗派のうち四割以上を占めていましたが、廃寺になったのはわずか五十カ寺、廃寺率でいえば七パーセントに留まっています。一方で、真宗に次ぐ四分の一の勢力を持っていた曹洞宗寺院は約四二〇カ寺あり、そのうち一七〇カ寺が廃寺になっていますので、実に四〇パーセントもの廃寺率になります。臨済宗にいたっては、もともと全体の一割にも満たない寺院数でしたが、半数近くが廃寺になっていて、以下、廃寺率の高い順に、真言宗四〇パーセント、浄土宗二三パーセント、黄檗宗一八パーセントとなっており、日蓮宗が一三パーセントです。このうち臨済・真言宗寺院の多くは、江戸期を通して藩主毛利家関係の菩提寺か祈願寺の色彩が強かったために、維新後は財政的支柱を失い衰退したことが窺われます。また総廃寺数の八割は明治三年（一八七〇）に集中していて、廃寺は同七年（一八七四）にはほぼ終息していますので、短期間に寺院整理が一気に進められたことがわかります。

ただしひと言で廃寺といっても、檀家や寺領がない貧しく無住の寺が取り壊しとなり、一方で檀家のある寺は、本寺か近隣の法類寺院へ合併することで寺号が廃されたという違いがあります。現在の萩市街地には伽藍《がらん》のない境内墓地があちこちにあり、これらは元あった寺が他寺に合併したものの、いまだに墓地だけは当初の位置に残され、合併寺院によって管理されています。

以上の通りみてまいりますと、長州（および防州を含む山口県）の真宗は寺院を多数抱えていたにもかかわらず、神仏分離令の影響をほとんど受けずに廃寺を免れたことが、たいへん特徴的であるといえます。

◈維新以降の神仏混淆神社

次に、神仏分離令によって具体的に何が起こったのか、萩の神仏混淆の神社であった金《かな》谷《や》天満宮社を例にみていきたいと思います。写真をご覧いただきますと、参道の手前に鳥居があって、その奥に仁王像が祀られていた仁王門があり、神仏混淆の様子を今に伝えています（図1）。

また、江戸後期の絵図も今と同じような境内配置で描かれています（図2）。同社は鎌倉時代の創建で、享保五年（一七二〇）に五代藩主毛利吉元によって現在地へ遷座、一連の伽藍はその時に建立されています。この絵図には、本殿や仁王門、鳥居のほか「別当《べっとう》」が描かれています。この別当は臨済宗大照院の末寺「正灯院」で、このような仏教寺院が天満宮社のなかにあったわけです。正灯院では神職を配さずに、社僧であるお坊さんがすべての神事を司り、朝夕に国家安泰と除災延命のご祈禱を行っていました。この金谷天満宮社には天神の本地仏《ほんじぶつ》として十一面観音が祀られていて、観音を供養するために、朝夕、般若経も読誦《どくじゅ》されていました。しかし正灯院は、明治二年（一八六九）にすぐ近くにあった臨済宗の長蔵寺と合併して廃寺となっています。この時、社坊は解体されましたが、本地仏である十一面観音は合併した先の長蔵寺に移され、今も同寺に安置されています。また仁王門にあった二体の「木造金剛力士像」（各約二メートル）は、車で三十分ほど離れた臨済宗仏光寺に奉納され、こちらも現存し、萩市の指定有形文化財になっています（図3）。

このようにみてまいりますと、神仏混淆であった金谷天満宮社は、「諸国神社における僧形の別当や社僧等は復飾《ふくしょく》・還俗《げんぞく》せよ」、それと「神社に祀ってきた本地仏などという仏像や鰐口《わにぐち》・梵鐘《ぼんしょう》・仏具等は取り除け」という明治新政府による二つの法令を粛々と遂行し、別当は廃されたものの仁王門は破壊されずに現存し、仏像類も移設に留まり、大がかりな廃仏毀釈に至らなかったといえます。先ほど上野先生から、すでに長州藩では幕末の文久三年（一八六三）に神職から「神祇道建白書」が出され、翌年より神仏分離政策が展開され、その時に仏像などは近隣の寺院などに移設されたとの報告がありました。ですから金谷天満宮社の本地仏も、この時に長蔵寺に移されたのではとも考えられますが、定かではありません。いずれにせよ神仏分離令以降においても、仏像類は破壊を免れたということ

図１　萩市金谷天満宮社　仁王門手前に鳥居（執筆者撮影）

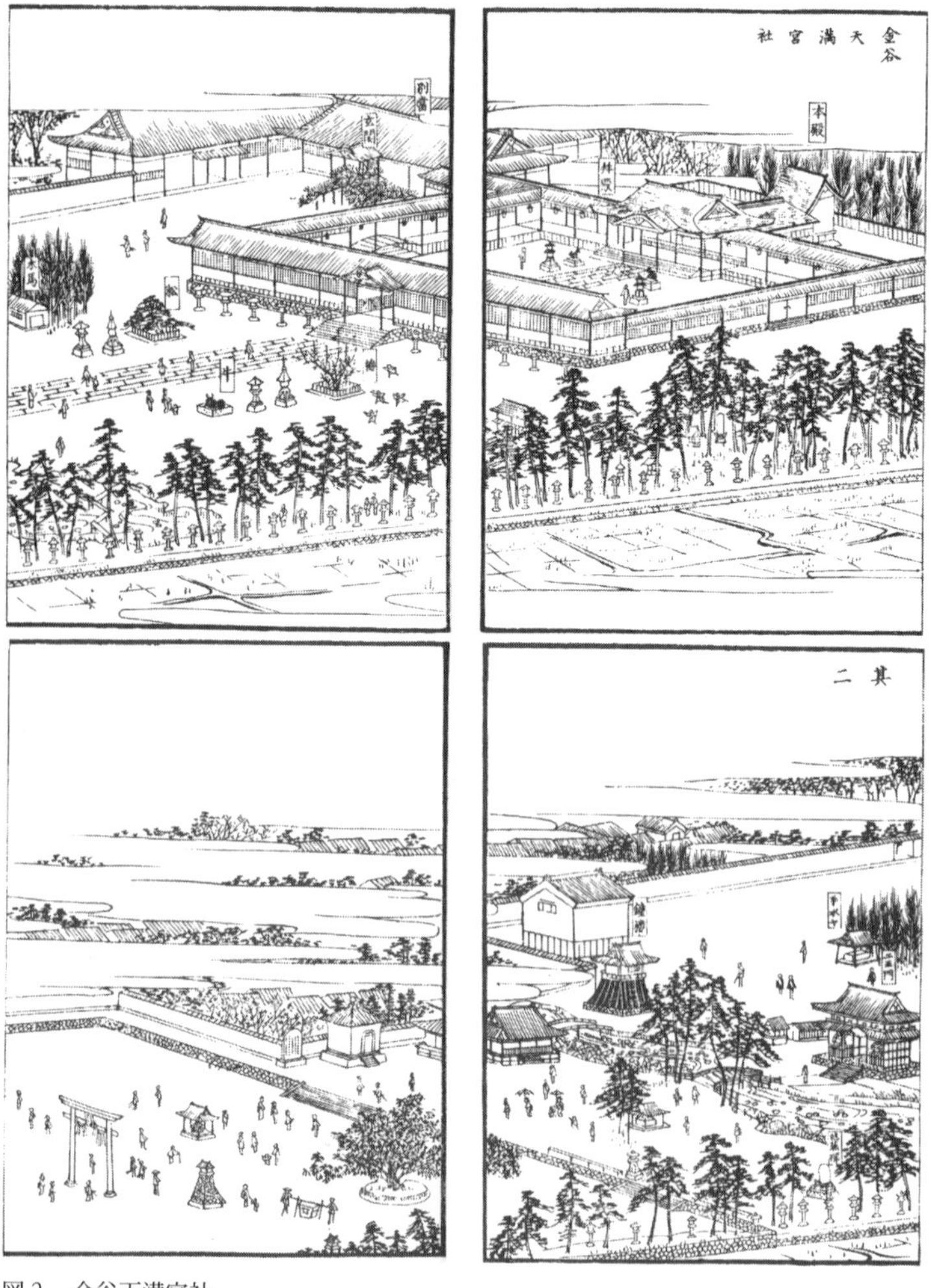

図2　金谷天満宮社
（『八江萩名所図画』〈天保５年木梨恒充起草・明治25年山縣篤蔵刊行、マツノ書店復刻版〉より）

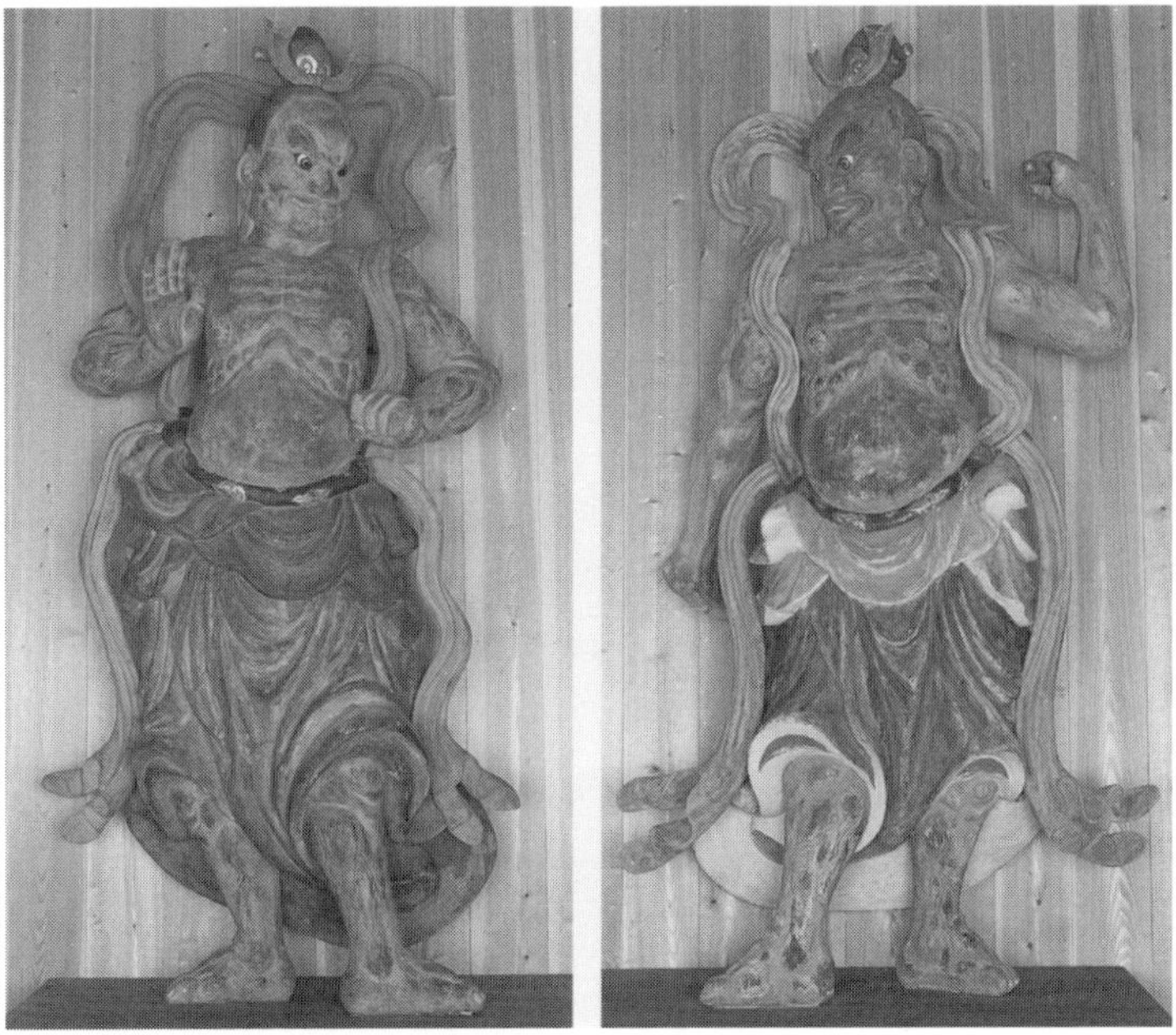

図3　正灯院仁王門にあった金剛力士像　現在、仏光寺安座
（萩市建設部文化財保護課編『萩市の文化財』〈萩市建設部文化財保護課、2008年〉より）

は確認しておきたい点です。

◇維新以前の寺社整理

維新期に先立つ天保十三年(一八四二)、藩財政を建て直すために抜擢されていた村田清風《せいふう》主導の「淫祠解除《いんしときのけ》」によって、一万近くの寺社堂庵《どうあん》が破却されました。奉行所に登録されていない、いわば由緒も許可もなく造営されたものは、ことごとく「淫祠」であるとみなされ取り壊しの対象となりました。さらにこれより遡る文化三年(一八〇六)にも「小祠小庵仏体等新規造調差留」との政策がとられています。どうして藩は寺社整理を進めたかといえば、寺社が増えれば勧進や寄付金が増えて民衆の生計も圧迫されますので、民衆に質素倹約を奨励し、租税をより効率よく徴収したかったからです。

このように表向きの主眼は藩の財政再建政策にありましたが、その背景には、この政策を後押しする民衆の根強い寺院僧侶への批判的心情もありました。江戸幕府お墨付きの寺《てら》請《うけ》制度や朱印・黒印などの寺領優遇措置に安座する華奢な僧侶への不満は、各藩に残されている史料からも読み取ることができます。ところがそのことが、かえって明治初期の長州仏教寺院の存続にとって功を奏したといえます。というのは、江戸期を通じて寺社整理政策がたびたび施行されたことで、民衆の寺院への不満が、その都度ひとまず解消されていた上に、維新期の分離令が、従来繰り返されてきた施策の一環にすぎないと受け止められたために、激しい廃仏がさほど表面化しなかったともいえると思います。

◈薩摩における徹底的な廃仏

では次に、薩摩藩の場合はどうであったのかをみていきます。先ほど長州の場合では寺院数の推移をみてきましたが、分離令が出される約四十年前、文政九年（一八二六）頃の薩摩藩内宗派別信者数を挙げておきます（名越護『鹿児島藩の廃仏毀釈』八二頁）。曹洞宗が四十三万人あまり、真言宗八万六〇〇〇人あまり、時宗と法華宗がそれぞれ二万人あまり、浄土宗一万九〇〇〇人あまり、天台宗が七〇〇〇人あまりと続き、曹洞宗信者が圧倒的多数でした。ただし薩摩においては一向宗（浄土真宗）は禁教となっていましたので、表向きは曹洞宗信者でありながらも、実際は隠れ一向宗信者であった者も、このなかに相当数含まれていると推測されています。そのような状況のなか、討幕の気運が高まりますと、軍資金確保の必要に迫られることになります。江戸末期の藩内全宗派寺院は一〇六六カ寺、神社は四四七〇社、寺社の所領石高は約十五万石あまり、これは現在の貨幣価値に換算すると一五〇億円に相当するともいわれるような、巨額な禄高になります。そこでこれら寺社が、討幕に向けた軍資金確保のために整理されることになります。

すでに水戸藩では、天保年間に一九〇カ寺を廃寺にして没収した梵鐘から大砲を鋳造しており、薩摩藩主島津斉彬《なりあきら》はこの事例に倣おうとしましたが、安政五年（一八五八）に急死し、この計画はいったん頓挫してしまいます。しかし藩内の血気盛んな若き藩士たちが家老桂久武に対して、水戸藩に倣い廃仏断行・僧侶還俗をすべきと建言したところから、藩政の下で激しい廃仏毀釈が行われるようになります。梵鐘や仏具は武器製造ばかりか偽金製造のためにも供出させ、幕末最晩期の久光時代には数百万両もの偽金が製造されたとさえいわれています。

ここで薩摩藩での廃仏毀釈に関係する事項を、時系列に沿って順にみてみます。慶応二年（一八六六）春、「廃仏毀釈」「僧侶還俗」が建言され、その年の暮れに、先の家老桂久武が寺院廃合取調掛役に命じられます。すると翌年から、いよいよ廃仏毀釈が実施、明治三年（一八七〇）まで徹底され、次々廃寺となっていきます。また、その間に藩主島津忠義夫人の暐子《てるこ》の葬儀を、従来の仏式ではなく神式で行う告示がなされたことで、ますます藩内に廃仏の嵐が吹き荒れ、この時破壊された石像が現在も何点か確認されています。明治二年（一八六九）十一月には、最後まで残っていた、島津家代々の菩提寺だった巨刹福《ふく》昌《しょう》寺でさえも廃寺に追い込まれ、藩内の一〇六六カ寺が完全消滅することとなり、総勢二九〇〇名あまりの僧侶がすべて還俗しました。その後、島津家歴代の霊位は、鶴嶺《つるがね》神社を創建した上で神道式にて祀ることになりました。

このように、薩摩においては徹底的な廃仏毀釈が繰り広げられたのです。なお、南北朝時代創建の福昌寺を開いた石屋真梁《せきおくしんりょう》は薩摩出身ですが、長門市湯本の大寧《たいねい》寺や山口市鳴滝の泰雲寺の開山でもあり、福昌寺自体も山口市瑠璃光寺や周南市長穂龍文寺の本寺に相当し、山口県にも大変ゆかりの深い寺院です。その後、福昌寺は明治十一年（一八七八）に泰雲寺住職の瀧断泥《たきだんでい》和尚によって復興されています。

◇薩摩廃仏の背景

では、なぜ薩摩では長州とは対照的に徹底した破壊的な寺院整理政策が断行されたのでしょうか。第一に、幕末期の薩摩には討幕という強大な目的意識があり、その目的達成の前提となる廃仏毀釈は、民衆には明確で正当な理由づけとして受け止められために、ますます廃仏に拍車がかかるような心理がはたらいたのではないかと考えられます。しかし同じ時期、討幕機運は長州においても劣らず盛り上がっていたはずです。維新前後の両藩の寺院整理政策には、いずれも財政的理由があったとはいえ、長州では江戸期に整理が繰り返されてきたため明治以降の民衆による廃仏に至りませんでしたが、薩摩の場合はそのような前段階もなく、廃仏を藩是《はんぜ》にした上に、暴力的で一気呵成の討幕機運をも併せ持ったため、民意を扇動するような大きな心理的影響を与えました。また、薩摩藩士が模範とした水戸藩の寺院整理は、会沢正志斎《せいしさい》や藤田東湖《とうこ》らの水戸学が強大な精神的柱となっていましたので、薩摩藩にもこうした思想的な影響がはたらいたことにも注意しておきたいところです。

一方、長州における尊王攘夷の筆頭格たる吉田松陰も一カ月の水戸遊学中に会沢正志斎に会っており水戸学との接点はありますが、松陰の言動からは水戸学に基づく廃仏志向はあまり感じられません。むしろ神葬祭や神道墓を長州にもたらし、尊王攘夷を進めながらも命が果てたのちの御霊をどのように弔うかという側面が弟子たちに引き継がれ、それがのちの招魂社へとつながっていきました。

高杉晋作の生家の菩提寺は先祖代々曹洞宗寺院でしたが、晋作の葬儀は、松陰が水戸で書写した『喪祭儀略』に則って神道式で執り行われています。また処刑後の松陰は江戸荒川の浄土宗回向院《えこういん》にいったん埋葬されましたが、長州藩別邸のあった若林の大夫山に改葬される時に、久坂玄瑞は、桂小五郎（木戸孝允）と高杉晋作に対して、仏式ではなく神道式で行うべく、伊藤博文をして和学者に神葬式次第を尋ねさせるよう依頼しています。このような経緯で、現在は世田谷の松陰神社になっています。さらに、伊藤博文自身の葬儀も、出雲大社東京分祀の斎主が勤めた神式による国葬で、品川西大井の墓地には鳥居が建てられています。しかし伊藤は、首相時代の明治三十二年（一八九九）には萩にある先祖の浄土宗菩提寺を訪れて養祖母の年忌法要を行い、その折に先祖墓も丁重に改葬していますので、崇仏の念もずっと持ち合わせていたといえます。

◈廃仏のためらい

ところで薩摩では、無条件な廃仏が横行したばかりではなかったようです。先ほど島津家先祖代々の霊位は鶴嶺神社にて祀ることになったと申しましたが、加えて薩摩藩内の島津家ゆかりの寺院に安置されてきた位牌は、福昌寺跡地の土中に捨てるように埋められました。

ところが平成二十一年に、この歴代島津家位牌埋納塚から廃仏をためらう心情を記した石碑が発見されています。仏像を匿った事例もいくつか報告されています。ですから反廃仏の民衆が一定数いたと窺い知られると同時に、県による明治九年(一八七六)の信教の自由布達以降の鹿児島県における浄土真宗の隆盛ぶりを鑑みても、民衆の信仰心変革、つまり仏教から神道一辺倒には至らなかったことも、付け加えておきたいと思います。

◇日本人の草木成仏の観念

続いて日本の宗教と自然との関係というテーマでお話ししたいと思います。権力による表層的な神仏分離、つまり神社から仏教的要素を排除することは、大きな成果を収めたようにみえますが、日本人の宗教的心情あるいは習慣にまで神仏分離がなされたのかを、これまでとは少し見方を変えまして、日本人の自然観という視点からみてまいります。

昭和の終わり頃から盛んに持て囃された「山川草木悉皆成仏《さんせんそうもくしっかいじょうぶつ》」あるいは「山川草木悉《しつ》有仏性《うぶっしょう》」という言葉は、はじめ梅原猛《たけし》さんが唱導しました。昭和六十一年（一九八六）に、中曽根康弘首相は国会における施政方針演説で、仏教思想たる「山川草木悉皆成仏」は東洋哲学の神髄であるとしつつ、日本民族は自然との調和と共存を育んできたのだといいます。その後、環境問題が大きくなるにつれて、この言葉は多用されるようになります。ところが、実は「山川草木悉皆成仏」という表現は、仏典にも古典にも出てこない言説であり、典拠不明な造語を日本古来の思想だとすることは独善的な日本讃美につながり、危険であろうとの指摘もあります（末木文美士《ふみひこ》『草木成仏の思想』一七頁）。厳密には「草木国土悉皆成仏」という語が、平安期の安然《あんねん》という天台の大学僧によって初めて用いられました。それまでの仏教の伝統的な解釈では、人間などの有情《うじょう》は成仏するけれども植物や無機質である非情は成仏することはない、あるいは、有情が成仏することによってのみ非情を含む（心によって作り出されるものとしての）環境世界が成仏する、というように、草木が自ら成仏することはないとされてきました。これに対して安然は、草木が独自で成仏するんだという、いわば画期的な解釈を持ち出したわけです。詳しくは前掲書をお読みいただくこととして、ともかく草木や国土という自然環境が積極的に成仏するという捉え方が生まれたのは、平安の九世紀後半、つまり神仏習合がいよいよ深化していく時期に相当するのです。

◇神聖な山岳での仏道修行

日本における最初の祭祀形態の成立は、古墳時代の神体山《しんたいざん》信仰といわれています（逵日《つじひ》出典《でのり》『八幡神と神仏習合』一二頁）。神は天空から山頂に降臨して山に鎮座し、春になれば人里に迎えられ農耕の豊穣を見守り、秋の収穫後はまた山に戻ります。農耕が中心の時代には、このように神が宿る山に対する素朴な信仰が祭祀の素地となりました。

やがて仏教が日本に伝わり、さまざまな経典や加持祈禱、修行方法がもたらされるようになります。そして吉野を中心とする山岳修行が行われることで、神祇《じんぎ》と仏教の融合が進んでいくことになります。山岳に鎮座する神々に護ってもらいながら修行を行うことで、仏教的な呪力を体得することができるとされました。これはインド仏教以来のいわゆる純然たる修行法ではなく、中国における道教の神仙思想による高山・深山に生活する風潮の影響を受けながら盛んになっていた山岳修行が、留学僧によって日本へもたらされたのです。ここには、すでに中国における仏教と道教の習合形態が見出され、さらにそれが日本で仏教と神祇の習合へと変革していくことになります。

◈神社景観が描かれた宮曼荼羅

春日大社が鎮座する御蓋《みかさ》山麓や、日吉《ひえ》大社が鎮座する比叡山麓に、神々は降臨し、そこに営設された社殿は神が存在する場所として礼拝対象になりました。そして平安末期になると、神社景観が描かれた「宮曼荼羅」が史料に登場するようになります。神社景観は本地仏が垂迹《すいじゃくしん》神となって鎮座する場所、あるいは垂迹神そのものを象徴する存在として礼拝され、鎌倉期以降には本地仏と神社景観が描かれた多くの宮曼荼羅が生み出されていきます（奈良国立博物館編『特別展　神仏習合』一五九頁）。

図4は「山王宮曼荼羅」という南北朝時代の曼荼羅図で、国の重要文化財になっているものです。普通は曼荼羅というと、胎蔵曼荼羅や金剛界曼荼羅のように、諸仏諸菩薩が整然と配置され描かれた幾何学的なものを想像されるでしょうから、このような宮曼荼羅がいかに独特なものであるか、おわかりになると思います。加えて、この「山王宮曼荼羅」

図４　奈良国立博物館所蔵「重文　山王宮曼荼羅」
（画像提供：奈良国立博物館、撮影：佐々木香輔）

には神仏習合と自然との特徴的な関係性が見出せます。比叡山鎮守社の日吉大社の社殿を下部に配し、頂上に比叡山、上段に垂迹神・本地仏・種子《しゅうじ》（真言）が配されています。一見して神仏そのものよりも社殿が配された自然、特に山岳の優位性が際立っていることがよくわかります。インド大乗仏教後期に誕生した密教の曼荼羅が、チベット・中国、さらに東アジアから日本へと伝来されてきましたが、このような山岳が中心に置かれるような曼荼羅が見られるのは日本だけです。

◇身近な自然に神仏を見出した日本人

日本各地の宮曼荼羅が描かれるようになると、やがて中世から近世のはじめにかけて「参詣曼荼羅」が作製されます。例えば伊勢・富士・那智・高野山・立山などの有名な寺社や霊場が描かれるようになり、その目的は参詣や寄付を募ることにもありました。

もともと曼荼羅は、エリート密教僧が瞑想に用いるために開発され、寺院の奥深くに秘匿されていましたが、これが日本に伝来され定着する過程で、民衆にわかりやすい形で提供されるというように大きく展開したわけです（正木晃『マンダラと生きる』一三二頁）。

このことは、偉大なるがゆえに近寄りがたい神々や諸仏諸菩薩が、私たちを取り巻く自然を通して民衆のすぐそばにまで近づいていったといえるでしょう。それが、日本における神仏習合のたいへん大きな特徴だと思います。

では、その自然とは日本人にとってどのようなものだったのでしょうか。そもそも日本人にとっては、自分を取り巻く自然環境に自己の生存を依存せざるを得ない、あるいは受け容れざるを得ないといってもいいと思いますが、そのような状況にあって、自然に対して神や仏や霊的なものと同等、あるいはそれ以上の価値が見出されてきました。永らく水田稲作をはじめとする農耕生活に基盤を置いてきた日本人は、自然がもたらしてくれる恩恵に対する「感謝」だけでなく、全く相反する自然災害への「恐怖」さえも併せ持ち、それはまさに自然への「畏敬の念」であり、この感情が、深層意識として神仏習合に取り込まれていったといえるのではないでしょうか。

◇暦と農耕儀礼

次に日本人の生活と暦という視点から少し考えてみたいと思います。日本の自然とは不変のものではなく、四季折々、季節ごとの移ろいを有するものです。日本人は縄文ないし弥生期以降、定住型水田稲作によって生活の基盤をなしてきました。稲作は季節ごとに移り変わる自然に順応させることにより発展してきた農耕法です。そこで効率よく稲作をはじめとする農耕を行うためには、移り変わる自然のリズムに法則性を見出すことが重要になり、暦が用いられるようになります。

月の満ち欠けによる「太陰暦」と、太陽の位置（黄道）によって農耕の目安となる「二十四節気」を組み合わせた「太陰太陽暦（旧暦）」が、中国から日本に伝来したのは飛鳥時代といわれています。その後、天文学の発展に伴って改暦が繰り返され、精度が高められていきます。

日本人は暦を通して自然の変化を体感・予想しつつ生活基盤を築き、その過程でさまざまな年中行事を生み出してきました。年中行事は大きく分けて、一月一日の元旦（祖先神たる年神を迎える）、七月十五日（中元）の盆、春秋中日の彼岸といった「祖先祭祀」と、水田稲作に関連する「農耕儀礼」の二種類のものから成ると捉えられています（宮家準『日本の民俗宗教』一一六頁）。

このうち、「農耕儀礼」をもう少し詳しくみていきますと、小正月は一月十四日から十五日の初満月に相当し、農耕の模倣をする予祝や占いを行い豊穣を祈りました。したがって、この日はその年の稲作の始まりを意味するので、本来の正月は元旦ではなく一月十五日の小正月であったと考えられています。小正月に予祝をした上で、播種《はしゅ》（種まき）の頃に相当する四月八日（卯月八日）に田の神を迎え、稲の生育を守ってもらい、いよいよ稲作が始まっていきます。その後、五月には田植え祭り、六月から七月は虫送りや水神祭り、八月は初穂を神に供える穂掛祭りや台風よけの風祭り、九月から十月は刈上祭り、そして十一月には収穫祭が行われ田の神にお礼をした上で山に返し、宮中では十一月二十三日に新嘗祭《にいなめ》が行われます。このように暦の上には、水田稲作の節目ごとに祭りを中心とした農耕儀礼が振り分けられました。

◇改暦による季節感のずれ

明治五年（一八七二）十一月九日「太陰暦ヲ廃シ太陽暦ヲ行フ附詔書」によって、旧暦から太陽暦へ改暦されました。そこで改暦によって従来の年中行事を新暦のどこに振り分けるのかが検討されることになります。旧暦と新暦とのずれは一カ月から一カ月半ありますが、後にみていく五節句などは旧暦の日付のまま新暦に移すことになりました。このことにより自然の周期に密着した日本人の生活は大きく混乱したはずで、当時の人たちの戸惑いは計り知れず、日本人の精神性に神仏分離以上の大きな影響を与えたことが想像されます。年中行事、とりわけ「農耕儀礼」は水田稲作を基準として暦上に割り当てられていたのと同時に、自然の周期に沿って割り当てられていましたので、農耕儀礼が旧暦における自然周期と切り離されたことで、儀礼の形骸化が進むことになります。このことは、換言すれば、従来の宗教意識、つまり神仏が習合していた宗教意識の形骸化を積極的に進めることでもあり、神仏分離および神道国教化政策に資する側面も持ち合わせていたといえるでしょう。

◇新暦における五節句

五節句は今の私たちにも馴染み深く、文字通り季節の節目の行事で、日本では奈良時代に淵源がある古い行事です。五節句は、新暦へ改暦される直前の明治三年（一八七〇）、正月と盆（中元）などと共にいったん国民の祝日になっています。その後、明治五年の改暦詔書となったわけですが、この時、五節句は祝日から排されたものの（代わりに神武天皇即位日と明治天皇誕生日が祝日になる）、民間で広く定着していた行事でしたので、行事儀礼は引き続き行われることになります。ところが五節句の日付は旧暦のまま新暦に移設されただけなので、本来よりも約一カ月前倒しされてしまい、季節感が失われてしまったのです。

それらを具体的にみていきますと、一月七日は人日《じんじつ》の節句で七草がゆをいただきますが、今ではハウス栽培されたものを買い求めます。実際には山野はまだ寒さ厳しく、七草は芽吹いていません。しかし本来の旧暦ですと、この日は今の二月上旬、文字通り立春頃に相当し、梅は開きウグイスは鳴き始め、そして山野では実際に七草を採ることができます。同じように三月三日の上巳《じょうし》の節句はひな祭りですが、まだ桃は開いておらず、本来ですと今の四月上旬ですから桃も開きます。五月五日の端午《たんご》の節句、こどもの日には、晴れ渡った空に鯉のぼりが泳いでしまっていますが、本来ですと今の六月上旬です。つまり梅雨空のなかを泳いでいました。七月七日の七夕《たなばた》の節句は、まだ梅雨明け前で天の川を見ることはきわめて困難ですが、本来ですと今の八月上旬ですからハッキリと見ることができます。九月九日の重陽《ちょうよう》の節句は菊の節句ともいいますが、まだ菊の最盛期を迎えておらず、本来ですと今の十月上旬に相当し、その頃が菊の最盛期でした。

現代では水田稲作は衰退し、農作物・海産物の旬も意識されなくなり、都市化・産業化が進んだために、春秋の行事は春の入学式・入社式や秋の運動会、六月の厄払いたる水神祭は都市の夏祭りなどへと変わっています。ですが、地方によっては正月・盆における祖先祭祀・親族結合の重要な行事は存続しています。実際に小正月明けの一月十六日と盆明けの七月十六日は、お嫁さんや奉公人が休暇をもらって里帰りする「藪入り」という習慣がありましたが、現在は、この時期の都市部から地方への帰省ラッシュとして、その名残をとどめています。

◇日本人の宗教的寛容

最後に日本人の宗教的寛容ということについてまとめてみます。古来、日本人は自分たちを取り巻く自然環境に強大な力を感じ、感謝と恐怖という相反する感情を懐きながらも絶対的に受け容れながら、さらに神・仏あるいは霊的なはたらきを見出してきました。近代化を経て形成された現代社会はすでに大きく変容しつつあるものの、「自ずからそのようになっている」という自然のありようを、ありのまま受け容れるという謙虚さを失わない限り、自分にとって恩恵であれ恐怖であれ、どのような他者も受け容れ、許そうとする精神性は失われないのではないでしょうか。私はこの精神性を、自然と宗教儀礼をベースとして培われてきた日本人独特の宗教的寛容と位置づけたいと思います。

しかし、もしも、これからの日本人がますます合理性・科学性・実証性などに傾倒し、神・仏・霊魂そして自然に対して軽視したり制御することに重きを置くようになっていくならば、寛容の精神もだんだんと忘れ去られてしまうのではないだろうかと思っています。

このたびは以上のような問題提起をさせていただき、ここでひとまず閉じたいと思います。のちほどの討議でさらに広がった議論ができれば幸いです。ご静聴ありがとうございました。

参考文献
・加藤友康ほか編『年中行事大辞典』（吉川弘文館、二〇〇九年）
・可兒茂公『山口県寺院沿革史』（防長史料出版社、一九七七年）
・木梨恒充著・山縣篤蔵補正『八江萩名所図画（マツノ書店復刻版）』（マツノ書店、一九九〇年）
・末木文美士『草木成仏の思想――安然と日本人の自然観』（サンガ文庫、二〇一七年）

・友田　光「天保期長州藩における淫祠解除の一考察」（『山口県神道史研究』第四号、一九九二年）
・逵日出典『八幡神と神仏習合』（講談社現代新書、二〇〇七年）
・津田　勉「高杉晋作の神葬祭」（『山口県神道史研究』第一三号、二〇〇一年）
・名越　護『鹿児島藩の廃仏毀釈』（南方新社、二〇一一年）
・奈良国立博物館編『特別展　神仏習合――かみとほとけが織りなす信仰と美』（奈良国立博物館、二〇〇七年）
・萩市建設部文化財保護課編『萩市の文化財』（萩市建設部文化財保護課、二〇〇八年）
・福田アジオほか編『日本民俗大辞典　上・下』（吉川弘文館、一九九九～二〇〇〇年）
・正木　晃『NHKこころの時代　宗教・人生　マンダラと生きる』（NHK出版、二〇一八年）
・宮家　準『日本の民俗宗教』（講談社学術文庫、一九九四年）
・村田安穂『神仏分離の地方的展開』（吉川弘文館、一九九九年）
・安丸良夫『神々の明治維新――神仏分離と廃仏毀釈』（岩波新書、一九七九年）
・山口県文書館編『防長寺社由来』第六巻（山口県文書館、一九八五年）
・湯浅浩史『植物でしたしむ、日本の年中行事』（朝日文庫、二〇一五年）

特別寄稿

狂言と神仏習合　山伏狂言「梟」を中心に

稲田秀雄

稲田秀雄（いなだ　ひでお）
一九五七年京都府生まれ。同志社大学文学部卒業、同志社大学大学院文学研究科修士課程修了。現在、山口県立大学国際文化学部教授。主な研究領域は、能・狂言を中心とする日本中世劇文学。主な著書に、『天理本狂言六義』上巻・下巻（共著、三弥井書店、一九九四～九五年）、『山口鷺流狂言保存会六十年の歩み』（共著、山口鷺流狂言保存会、二〇一五年）など。

狂言は、能とともに中世（室町時代）に成立した日本を代表する古典芸能（古典喜劇）です。そこには当然のごとく、狂言が育まれた時代である中世の思想や世界観の反映が見られますが、そのなかには神仏習合の思想も含まれています。

今回のシンポジウムに際し、山口鷺流狂言保存会会員によって演じられた狂言「梟《ふくろう》」は、山伏を主役とする狂言、すなわち山伏狂言の一環をなすものです。

山伏は、いうまでもなく山岳信仰を核とした日本固有の宗教である修験道《しゅげんどう》の行者です。日本各地の霊山に分け入って修行し、特別な験力を身につけた宗教者とされ、加持祈禱や病気治療、卜占《ぼくせん》などの活動を通して、民衆の生活とも密接な関係を保っていました。やがて修験道は、明治期の神仏分離令、さらに修験道廃止令によって大きな打撃を蒙りますが、それまでの長きにわたって、神仏習合を維持してきたこともよく知られています。

山伏狂言には必ず、山伏が祈禱をする「祈り」の場面があります。その際に、狂言の山伏たちは、どのような神仏を祈願の対象としているのでしょうか。ここでは、特に今回演じられた鷺流の「梟」の祈りの詞章を検討してみることにしましょう。

鷺流は近代に廃絶した狂言の流儀ですが、山口県山口市と新潟県佐渡市に鷺流を名乗る保存団体が今も存在し、その希少な芸流を伝承すべく努力を続けています。鷺流には、宗家であった鷺仁右衛門家と、その分家であった鷺伝右衛門家の二系統があり、山口に伝わる鷺流は、長州藩の抱えであった鷺伝右衛門派の芸脈を今に伝えています。

鷺流「梟」の祈りの文句は、以下の通りです（以下の引用は、長州藩狂言方であった江山家の江戸末期の台本〈江山本〉により、表記を改め、読点を付すなどしました）。

○（「それ山伏といっぱ」に始まる定型の祈り。江山本では記載を省略）
○いかに大悪鳥の梟なりといふとも、日ごろ頼み奉る不動明王の索《さっく》に懸けて祈るならば、いかで験《しるし》のなかるべき、ぼろん〳〵
○いかにこなたかなたへ飛び廻り恨みをなすといふとも、熊野権現《ゆやごんげん》へ祈誓をかけて祈るならば、などか奇特のなかるべき、ぼろん〳〵
○いかに大悪鳥の梟なりとも、烏の印を結んで掛くるならば　いかで奇特のなかるべきと、重ねて数珠を押しもんで、ぼろん〳〵、いろはにほへと、ぼろん〳〵

右のように四度にわたって、山伏は、梟に取り憑かれた男を治癒すべく、懸命に祈ります。二度目は不動明王に祈りますが、三度目の祈りにおいては、傍線を施したように熊野（ゆや・くまの）権現に祈願することが注目されます。鷺流以外の流儀（大蔵流・和泉《いずみ》流）の「梟」には、このような熊野権現への祈りは全く認められません。

熊野権現とは、すなわち熊野十二所権現のことであり、その内実は、本宮・新宮・那智のいわゆる熊野三山に祀られる神々です。現在、これらは熊野本宮大社・熊野速玉大社・熊野那智大社と称され、神社となっていますが、かつては神仏が一体となった神仏習合の聖地でした。そもそも「権現」とは、仏が仮に日本の神々となって現れたことを表す神号です。そしてまた周知のように、熊野という地域は古来、修験の聖地でもありました。

「梟」の祈りに熊野権現が出てくる理由は、四度目の祈りに見える「烏の印」と関係があるかもしれません。熊野権現の神使が烏であることはよく知られていました。

ちなみに、山口鷺流でよく演じられる狂言「柿山伏」にも独特の祈りがあります（和泉流も同じ）。それは、『太平記』に基づいた能「檀風《だんぷう》」の祈りのモドキです。「檀風」では、山伏が祈りの力で風向きを変え、船を戻させますが、「柿山伏」では、その場を去ろうとする地主（柿主）を祈りによって引き戻します。能では、この祈りは熊野権現に対するもので、その霊験により風が変わり、熊野十二所権現のうち飛行夜叉《ひぎょうやしゃ》（本地・不動明王）

山口鷺流狂言保存会による「梟」（同会は昭和42年に山口県指定無形文化財第１号に指定されている。写真提供：山口鷺流狂言保存会）

が出現します。山口鷺流では、熊野権現の名はなく不動明王に祈るのですが、佐渡に伝わる鷺仁右衛門派では、能と同じく「熊野権現」となっています。このように、鷺流の山伏狂言には、その祈りの文句に神仏習合の要素が比較的よく表れているといえましょう。

「梟」では、山伏の懸命の祈りにもかかわらず、梟が男の兄にも取り憑き、ついには祈っている山伏自身にも憑いてしまいます。狂言の山伏は、このように験力のないのが常ですが、もともと山伏の畏怖すべき験力を認めているからこそ、それをもどくところに笑いが生じるのでしょう。かつて民衆の信頼と畏怖を一身に集めた修験道の行者・山伏の面影は、狂言という中世芸能のなかに今も生き生きと伝えられています。

参考文献

・小林健二『中世劇文学の研究――能と幸若舞曲』（三弥井書店、二〇〇一年）
・鷺流狂言記録作成委員会編『山口鷺流狂言資料集成』（山口市教育委員会、二〇〇一年）
・佐渡鷺流狂言研究会編『佐渡鷺流狂言』（真野町教育委員会、一九九九年）
・鈴木正崇『山岳信仰――日本文化の根底を探る』（中公新書、二〇一五年）
・村山修一『山伏の歴史』（塙書房、一九七〇年）

討議

〈パネリスト〉
島薗　進・真木隆行・上野大輔・木村延崇

〈司会〉
池田勇太

討議の様子

池田　それでは今回の趣旨にもありますように山口県に関係のある話もしていきたいと思っておりまして、お互いのお話を聞かれて「あ、こういう話も」というものがありましたら、補足的にいただければと思いますがいかがでしょうか。

島薗　こういう会が山口県で行われたということに本当に感銘を受けておりまして、ご準備下さった仏教会の方々には深く敬意を持っております。何といっても近代日本を引っ張っていったのは長州藩ですし、どちらかというと明治維新の美しい面といいますか、近代化を引っ張ってきた山口県というようにも受け取れますが、そのなかで神仏分離というとやや暗い話題になるかもしれません。それをどう捉えるかという問題を設定されたということに大いに関心を持っております。神仏分離を引っ張ったのは、例えば津和野藩だったり、その前に長州藩にもそういうことがあったのですが、何といっても浄土真宗、特に西本願寺の影響力が強いので、西本願寺との関係から仏教界への打撃について比較的早く修正がされました。それは長州藩が政権の中枢にいたからではないかと思っています。ですから分裂の方向を引き起こすと同時に、修復ということもあったと思っています。

池田 今おっしゃったように、実は山口県の浄土真宗との関係に関連しまして、あらかじめフロアへお配りした質問用紙に、ぜひ島薗さんに島地《しまじ》黙雷《もくらい》がどのような役割をしたとか、どう評価されているかということについておうかがいしたいという声もいくつか届いています。

島薗 神仏分離、それと神道国教化という方向、あるいは神仏合同布教というふうに、仏教も神道化していく国家に組み込む方向へ進んでいくときに、いやそれはまずいぞという声が西本願寺系統から起こってきて、その理論的なリーダーが長州（山口市徳地）出身の島地黙雷という人です。非常に実力のある方で、未だに島地黙雷をどう評価するかについて次々本が出てくるくらいで、とても大きな問題を提起した人だと思います。仏教が宗教としての自立性を保ち、政教分離を貫く方向を推進したとの評価もあります。フランスに行っておりましたので、フランスの状況などに学びながらそういう方向を追求したという側面と、天皇中心の国家体制のなかに仏教が組み込まれていく方向に引き寄せたという側面と、その辺の評価がとても難しくて、まだまだ研究をする必要がある人ではないかと思っております。

池田　次に精神性の変化といいますか、宗教の問題ではありますが、神仏分離の関係では安丸良夫さんの『神々の明治維新』（岩波新書、一九七九年）という名著のなかで、「神仏分離と廃仏毀釈を通じて日本人の精神史に根本的と言ってよいほどの大転換が生まれた」ということが提起されているのですね。今回パネリストの方のものを伺って、例えば真木さんのお話は、宗教の非常に大きなスケールのお話であったかと思います。私は明治維新が専門ですが、だいぶ世俗的な世界になっていっているという印象があるのですね。上野さんのお話ですと、近世期に段々と身分制が関係してきますし、神仏分離が進んでいったというところがあるのですが、こういう問題の背景に世俗化的な問題であったり、あるいは宗教的なスケールの大きさ、例えば真木さんから地球は丸いという話も出てきましたけれども、いろいろ精神性の変化という点については考えられるのではないかと思います。これは現代までも含めてのものでいいたいと思いますが、それについて何かありましたらおっしゃっていただければと思いますが。

島薗　安丸先生は本当に親しく導いていただいた方です。安丸先生は、宗教こそがこの世の秩序を超えて方向づけるべきというお考えがありました。力の関係で強いものが弱いものを支配することがあったり、妥協に妥協を重ねてなかなか真実が通らないということが政治経済の世界では行き渡るけれども、宗教はそれを超えた次元から物事を見たり、そういう視点を与える、そのような宗教によって人は根本的な自由を得ることができる、そういうお考えを持っておられました。それは安丸先生ご自身が浄土真宗の信仰の深い富山県の砺波地方で育てられて、真宗のなかにそういうものを感じておられたからでした。また近代の大本教の研究もなさいまして、出口なおのような、貧しいあまりに学校教育をほとんど受けられなかった女性が、多くの人の魂に届くようなとても深い言葉を発したことも高く評価された方です。そのような安丸先生の視点からすると、明治維新の時に政府が宗教を押さえたというか、政治的な秩序のために国家神道的なものを作って、日本人の心の自由を押さえたのではないかという考えがあって、神仏分離がいかに民衆の自由な宗教的活動を押さえたかという、そういう点を強調されたのではないかと思います。

今日の上野さんのお話では神仏分離と法難史観に触れられましたが、法難史観といいますと仏教界に被害者意識が強すぎるという感じに受け取れまして、たしかに安丸先生の本にそのように受け取れるところがあると思います。しかし、本意としては宗教が本当に重要な役割、一人ひとりの心の自由を導くというか、支える面が押さえられたのは、キリスト教に対抗することで日本の国を守るという意志もあったと思うし、西欧諸国に負けないで近代化を遂げるためにそうせざるを得なかったのかもしれないけれども、国家神道によって押さえられたことがあり、それがその後に響いて戦争に向かうときに日本人が抵抗できなかったことにつながったのではないかという、そういうお考えがあったと理解しております。

池田 今のお話は非常に大きな問題を含んでいるかと思います。木村さんも宗教性あるいは精神性の変化ということについて、実は神仏分離よりもむしろ自然との関係に注目をされて、それが大きく作用しているのではないかという問題提起をされています。その点も含めて、日本人の宗教観にこれが一体どのような影響を与えたのかなど、引き続きお願いいたします。

木村　この三十年を振り返りますと、「山川草木悉皆成仏」という「造語」が世間で注目され、同時に環境問題がクローズアップされる時代とちょうど重なるかのように、美しく豊かな自然を有する日本という、いささか情緒的に過ぎるようなフレーズが過剰に持て囃されてきたように感じられます。

しかし、古来日本人は決して安易に自然讃美をしてきたわけではないと思っています。私たちは今、東日本大震災に象徴されるような、私たちの生存を脅かすような自然とどのように向き合うべきか考え直さなければならないと思っています。人間が到底太刀打ちできない非常に強大な力である自然のはたらきを、神的で偉大なはたらきとして受け容れてきたのではないでしょうか。自然に抗うのではなくて、それをそっくりありのままを受け止めてきたのが、日本人の自然に対する謙虚な態度ではなかったかと思います。その態度が宗教的な儀礼を生み出し、儀礼を通してその態度がより深化し、豊かな精神性、豊かな宗教性が生み出されていったのでしょう。私が最後に申し上げた宗教的寛容というのは、日本人が自然と向き合うことを通して培われてきたと思います。近代化がもたらした産業化・工業化による経済成長などの享受をすべて否定する必要はもちろんありませんが、明治維新を境に自然への態度と宗教観に大きな変化がもたらされ、今の私たちの精神性にも大きな影を落としているのではないかというのが私からのお話でした。

さらにここでもう一つ申し上げたいことは、日本人は自然のはたらきをあるがままに受容してきましたが、そのような受容の態度は自然に対してだけではなく、人間にも向けられていたのではないだろうかということです。私は近年の隣国の方々に対する民族対立をことさらに扇動する動きにたいへん心を痛めています。たとえ自分とは異なる歴史や文化を持っている人であっても、拒絶し排斥するのではなく、受け容れる精神性を見直したいと思います。神仏分離一五〇年を迎えるにあたって、日本人が自然と向き合いながら培ってきた寛容の精神に注目し、これからの日本の進むべき道を、宗教者として見据えてみたいという思いで提言させていただいた次第です。

池田

それでは私から問題提起をさせていただきます。一五〇年前の慶応四年に神仏判然・神仏分離令が出ましたが、歴史的には前後も含めていろいろなことがあったことが、今回のシンポジウムで見えてきたと思います。改めてもう少し普遍的な次元で出来事を捉えてみようと考えた場合に、習合するとはどういうことか、あるいは分離するということについてそれぞれ考えてみたいと思いました。習合についていいますと、今回は古代・中世の仏と神の世界について真木さんからお話しいただきまして、上野さんからは近世になるとかなり棲み分けが進んでいるとのことです。ただ宗派によって地域によっていろいろ差はありますが、結構棲み分けが見られました。そして最後、木村さんからは宗教的寛容というお話がありました。異なるものが共存するあるいは一緒になる、そのような習合について補足することがあればお話しいただけますか。

上野

習合という言葉についてはたしかに、一つに合わせるというように私も理解しておりますが、おそらく宗教学的な表現をするとアニミズムという言葉が近いのではないかと思います。合一化していくような原理ということで捉えると、日本以外のさまざまな地域において、具体的なありようは違うのでしょうけれども、かなり普遍的に見出すことができるのではないかと思います。

たしかに、アニミズム的な心性からくる寛容性のようなものもあると思います。ただ、私が最近注意しておりますのは、そのようなアニミズム的・多神教的な文化において生じる攻撃性もありうる点です。そのような文化においても、包容力には一定の限度があると思います。

つまりどういうことかというと、「いろいろな宗教があるけれども、根は一緒ですよ」というような、あるいは「同じ仏法だから優劣はないですよ。みんな仲良くしましょう」というような立場がある一方で、法華宗・浄土宗・真宗などが争ったりする状況もあるわけです。みんな仲良くしましょうという立場が寛容で、宗論をしている宗派が不寛容に見えるかもしれません。ですが、いわゆる寛容な立場においても、相争う人々のような立場は排除されているわけですね。そういう意味で、同化を拒否する者への攻撃が生じる面があるという点に、注意が必要ではないかと思います。

日本におけるキリスト教批判ですとか、あるいはインドが舞台になりますけれども、いわゆるヒンドゥー・ナショナリストによるイスラム教批判のように、多神教的な立場から一神教的な立場を攻撃するという場面も見られるところでありますので、そういった側面への注意が必要ではないかと思っております。

池田　なかなか私なんかは考えてもみなかったようなところも踏み込んでご指摘いただいたと思います。他の方はいかがでしょうか。

島薗　今おっしゃったことは本当にその通りではないかと思うのですが、日本の宗教にもこれでなければならないという一神教に近いような側面は浄土真宗にもありますし、日蓮宗にも、さらに創価学会にもあります。またキリスト教は、イスラームに対する偏見につながる可能性もあると思います。つまりイスラームはアッラー一つなので、他の何かを神だというのは錯覚である、あるいは偶像否定ということから、イスラーム教徒から見ると日本人は神様を知らないと見えます。我々はそのことに非寛容だなと思いますが、逆にそれを非寛容だとする立場の狭さということもあるのではないかとも思います。意外にイスラーム教徒は心が広いなと、つまり私も六週間ぐらいカイロに行っていたことがありましたが、とても親切で心が広いと感じることがあります。それは先ほどいいました個々人の心の自由というものは、直接この世を超えたものと向き合っているという感覚、そこからくるという面もあって、これを信じているとか、これこそ大事だというものをしっかり持っていることによって自由が生じ、また他者に対する公平で温かい気持ちが生じる。キリスト教でいえば、隣人愛のようなものはイスラーム教徒にもすごく感じることがあり、そのような面もあるということを理解する必要があると思います。一方で日本人が感じている日本、私もどちらかというと多神教徒的で宗教・宗派の区別というものにあまりこだわらないのですが、誰でも仲良くできると思ってそうしようとするのだけれども、実はそのために、相手の立場を軽視してしまっているということがないかなという反省も必要かと思います。

池田

非常に重要な問題に入ってきたように思います。自由とは何かという問題にもかなり近いところのお話のようにも思いました。もう少し先へ話題を進めていきたいと思います。

先ほど習合について提起しましたが、次は分離するということについてご意見をいただきたいと思います。神と仏を別々のものとして、それぞれ認識するということ自体はずっとあったというお話がいくつか出てきたかと思いますが、分離するという行動のなかに、宗教的には純化させるというような、あるいは実践をする方々からすると、純化のはたらきが見られるのではないかと思うわけです。これ自体は、かなり普遍的に考えるべき問題のようにも考えられます。例えば、仏教も土着の過程でさまざまなものを取り入れて発展してきたと思いますが、ではもっと原始仏教に戻って純化していったときに、仏教は葬式と離れることができるのかとかいう問題もあるかもしれませんし、いろいろ考えるべき純化といいますか、今回でいうと神仏分離の分離のほうです。そういう問題があるのではないかと思います。またあるいは今回ナショナリズムの問題が何人かの方から出ましたが、仏教についていえば外来思想という側面もありますし、また実際、明治維新に起きた神仏分離という点では、かなりナショナリズムの問題というものが絡んでいるといえると思います。こういうものも、分離ということを考えていくときには組み込んで考えたほうがいい問題なのかもしれないと思いますが、いかがでしょうか。

真木

「分離」「純化」という点に関連して述べますと、本日は、「仏」と「神」の習合からの分離という話が中心になりましたが、もう一つ念頭に置くべきこととして、「神」と「神」の習合からの分離、このような動きも同じ頃に起こっていたように思います。例えば、長門国一宮の住吉神社の主祭神につきましては、中世には、古代と異なる認識となり、仲哀天皇だとされていた点について、井上寛司さんが注目しておられますが（井上寛司「中世長門国一宮制の構造と特質」〈一宮研究会編『中世一宮制の歴史的展開　上』岩田書院、二〇〇四年〉）、その一方で、中世の史料によりますと、この祭神が住吉大明神であり、記紀神話に出てくる彦瀲尊《ひこなぎさのみこと》という神でもある、というような説明も確認できるのです（『山口県史史料編中世4』住吉神社文書二三四号、大内道階願文案）。つまり中世には、神が仏の垂迹だという認識だけでなく、このように、他の神とも同体だとする認識が並存していたのです。祭神が他の神仏と同体だと見なす認識には、さまざまな立場の思惑が背後にあったと考えられ、「うちの神様にはさまざまな御利益がありますよ」という類の主張とも関連すると思います。神社の祭神については、本来そのように自由もしくはルーズな認識だったところ、神仏分離が進む過程において、仏教以外の側面にも、そぎ落とされたものがあったといえそうです。近代になって、中央政府との関係において、各地の神社の主祭神がそれぞれ「〇〇神」だと公定されるようになると、かつてのように豊かな御利益をあれこれ語ることが、神祇の世界ではかなり制約されるのかなという気がします。

池田　私は専門ではないのですが、現在でも御利益は増え続けているような感じがいたします。他の方はいかがでしょうか。

木村　この度は日本における日本の神と仏との分離というテーマになっていますが、あわせて意識しなければならないのはキリスト教です。現在、日本におけるキリスト教信者数は人口の一パーセント前後といわれています。明治になってキリスト教禁制が解かれ、戦後も信教の自由が憲法で保障されているにもかかわらず、なぜキリスト教信者が増えないのでしょうか。例えば韓国であれば現在三〇パーセント近くのキリスト教信者がおり、あるいは中国でも最近キリスト教の信者が増えてきている状況ですが、大多数の日本人はキリスト教を選んでこなかったのです。なぜなのかは宗教学の先生方の間で大きな問題になっていて、いろいろな理由が挙げられていますがはっきりしません。

明治になって天皇を中心とする国家体制を作り上げるときに、キリスト教体制下における西欧の君主主義的な枠組みや、あるいはキリスト教の神に対する忠誠心をモデルとして、天皇制や国家神道にキリスト教的な神聖性を組み込んできたという、まさにナショナリズムとしての側面を補強するためにはとても有効に作用しました。ところが、肝心の個人の行動規範になるような宗教的心情や信仰は、民衆にほとんど定着しなかったのです。

日清戦争中、キリスト教の伝道師たちは戦地に赴いて負傷兵の手当てや戦死者遺族の救済を積極的に行って、たいへん評価されました。そこで、仏教者のなかには対立するはずのキリスト教を見習いながら、社会事業に自分たちも取り組むことで、民衆の支持を再び獲得したといいます。私はここには、近代以降の仏教がキリスト教に近づき共存しつつも、結局は優位性を奪われることは決してなかったという、したたかさを感じざるを得ません。ですから、近代以降の仏教も、他宗教を包容し仏教独自の信仰へと変容させていく力を失っていなかったと思います。

それと私自身は、いろいろな宗教がどのように伝道を行ったのかについて、教団組織の側の思想哲学や宗教儀礼からではなくて、実際に宗教的な営みを行う民衆の立場からも紐解いてみたいと思っています。近年は民俗宗教学が見直されていますが、今後はそのような側面からの宗教学の発展も期待したいと思っているところです。

島薗　私は何教でも何宗でもなくて、神道でもキリスト教でもいいし、幼稚園はキリスト教でした。母はミッションスクールでしたが、飛行機に乗るときなどいつも私に神社のお守りをくれました。しかし、母は亡くなるときはひたすらミッションスクールで習ったキリスト教のお祈りをしていました。母方の先祖は土佐藩で明治維新の時に神道化したので儀式は神道になり、母は神道のお葬式はとてもいいといっていました。父の実家は代々浄土宗だったので、私は浄土宗の念仏もそれなりに唱えます。これは普通の日本人といっていいかもしれません。そういう方が多いのではないかと思いますし、自分は宗教学をやったので宗教は必要だと思います。ただし、私はいろんな宗教についてある程度勉強したので、こうやって宗教の話もできるし、宗教の尊さということについても自分なりの考えを持つようになりましたが、やはりそれぞれ一般の人はあるものをしっかりやらないと、ものにならないのではないだろうかという気がします。私は宗教学をやったから宗教に親しめましたが、普通の人が宗教をいろいろとつまみ食いするもののそれで終わるとなると、しっかり身につきません。ここにいる木村さんは雲水としての修行を長くされてますでしょうし、お寺に籠もるといいますか行《ぎょう》をするというのも、その世界にしっかり自分の身を置くという意味において分離です。実は宗教はそういうことを前提としているので、私はそういうものは実は全くわからないのだと思っております。つまりいろんなものに何でも親しめるというのは、実は一つのものをしっかりやっていないということなのです。オウム真理教が出てきたときに思ったのは、オウムに入ったような多くの若者はいろんなものをつまみ食いしているのです。いろんな商品としての宗教的なものがいろいろ今出回っていて、そういうものについては親しむけれども、しっかり一つのことを身につけるということがありません。日本の文化がいろんなものに親しめる、宗教についてこれでなくてはいけないといわないのは、利点がたくさんあると思いますが、一つのものをしっかりやらないという弱さがあるという見方も必要ではないでしょうか。いろんなものに寛容であるというのはいいのですが、一つのものに打ち込むという宗教的なもの、そのことの重要性について、日本人はやや軽くみているところがあるかもしれないと思っております。

池田　ここからは、あらかじめフロアからいただきました質問用紙を中心に構成させていただきたいと思います。

まず、大きな問いから取り上げたいと思います。「今回いろいろな話がありましたが、神仏分離になぜ至ったのかという根本的な原因を知りたい」とご意見がありました。いくつか細かいことはあるかと思いますが、要するにどうしてこれが起こったのか、というようなことについてお話しいただければと思うのですがいかがでしょうか。

島薗　こういう想像をしてみたほうがいいかもしれません。明治維新の時に長州藩や水戸学的なものがリーダーシップをとらずに、徳川家的なものの主導の下に近代化の方向へ進んだならば、あまり神仏分離ということが強固に起こらなかったかもしれないと思います。それが良かったかどうかは全くわからないのですが、一つ考えなければならないのは東アジア全体で見たときに、仏教に対する弾圧はずっとありまして、国家の秩序を仏教には任せておけずに、儒教やあるいは日本の場合は神道が代わりになるという考えがあって、それが最も大きな根本的原因といえるかもしれません。つまり大乗仏教に対して儒教的あるいは国家の秩序を担う教えがあって、次第に知識層が儒教的なこの世の秩序を重んじる教えのほうへ向かっていったという流れがあるということです。それに応じて民衆も次第に神仏習合的なものから、僧侶の影響を受けない信仰のほうへ向かっていきます。天理教や金光教といった教派神道がそうです。そのような傾向が江戸時代から長く生じてきましたし、それに対応する動きは中国や朝鮮にもあったという、東アジアの文明の大きな流れというものから見たほうがわかりやすいかもしれません。そうすると日本は、実は神仏習合的なものが最も根強かったので、今も神仏習合的なものが保たれていて、それは多神教的なものについて未だに日本は豊かなものを持っている理由になっているのではないかなと思います。

上野　私のほうからも補足させていただきたいと思います。どうして神仏分離に至ったのかという問題については、きわめてシンプルに申しますと、まず新政府が神仏分離令を出したということです。またその前段階で、藩のレベルでもそういう法令が出されて、神仏分離が推進されたということがあるわけです。

ただ、その前にやはり神職や国学者がかなり運動しています。水戸藩とか津和野藩もそうですけれども、長州藩においても神職・国学者の活発な動きがあって、藩にもこういう政策を行ってほしいというように度々上申しています。神祇道建白書だけではなくて、それ以降にもさまざまな建白書のようなものが出ていまして、藩はもちろんそれを鵜呑みにするわけではないのですが、ある程度情勢を判断して選択的にそれを採用しています。

そういう藩のレベル、それから新政府のレベルでの動きというものを、具体的な史料に基づいて検証していくということについては、これまでも成果は出ていますが、私も今回の報告を一つのきっかけにして、長州藩の史料を中心に調べてまいりたいと思っています。

長州藩では、例えば青山上総という神職がかなり活発に動いているのですが、彼は明治十二年（一八七九）に靖国神社ができたときの初代の宮司になった人物です。このように明治以降も影響力を保つような人物が確認できます。

池田　だいぶ補足していただいてイメージができたかと思います。先ほどからキリスト教の話が出ているのですが、「明治初期の国民国家、国家神道形成の潮流において、欧米キリスト教の法や国家意識に対抗する意図はどんな形で現れているのでしょうか」、というご質問がきております。このあたりいかがでしょうか。

島薗　キリスト教は植民地主義、もしくは西洋の対外膨張と一体のもので、それを日本はとても脅威に感じたことで非常に大きく国家神道のほうへ向かいましたし、神道的な尊王攘夷となりました。攘夷というのはもともと中国から見てまわりの文明が遅れているという観念によるものでしたが、日本の尊王攘夷は西洋諸国が乱暴に押し寄せてきて自分たちの勢力を拡めようとしていて、なぜあんなに強いのかというと、キリスト教がそこにあるからだということでした。それは十六世紀から十七世紀にかけてのキリシタンの時に感じていたます。あの時に山口県も相当キリスト教の影響の濃かったところだったと思います。人によっては一〇〇万ともいいますが、九州の相当の割合の地域は、大名を中心にしばらくの期間キリスト教になりました。そういう記憶もあってキリシタンは危険だとされて、実際に一八四〇年頃にアヘン戦争で中国も侵略されるし、アジア諸地域が西洋諸国にやられてしまいます。侵略がキリスト教と一体だという意識が非常に強かったので、何とかキリスト教に対抗しなければいけないという意識もとても強かったと思います。その一方で儒学に親しんだ知識人たちは、近代化するためにはやはりキリスト教でなければいけないという方向に向かいがちでした。韓国でもキリスト教徒が非常に多いですが、それくらい近代化とキリスト教というものは切り離せないものだったのではと思います。ただしキリスト教は別に西洋のものではなかったと思います。発端は中東で世界に広まったものですが、西洋は文明的に進歩していて、その西洋にキリスト教がありましたので、その脅威にどう対抗するかというのが非常に大きかったと思います。

上野　私は近世史を専門にしておりますので、少しその立場から補足をさせていただきますと、近世の日本においては、人々がキリスト教徒ではないということが国是《こくぜ》でした。それで宗門改というものをやっておりまして、僧侶たちがその際に、この人はうちのお寺に属していて宗派はこういう宗派だからキリスト教徒ではない、ということを保証してあげていました。僧侶たちも、国家的な宗門改という役割を担っているのだというような意識が強かったです。そのような近世以来の「キリスト教にあらず」という伝統の規定性を、補足しておきたいと思います。

会場参加者
山口大学人文学部の石田俊と申します。皆様方のご報告の一つの共通項として、権力と宗教との関係という問題があると思いました。真木さんも神・仏・政治の三者関係が常であるとされていますし、さらに木村さんのご報告のなかでも中曽根康弘氏が出てきたように、政治と宗教の関係というのは、当然ながらかなり普遍的テーマであると改めて感じました。神仏分離においては、「神」のほうは島薗さんや上野さんのご報告にもありましたように、国家神道という形になって国民を統合する役割を果たすことになりました。では「仏」はどうなのでしょうか。面白いと思ったのが、上野さんが提示された史料の四月十日条にある「僧侶も生業の道を失わず、国家の御用に立つように心がけよ」という文言です。上野さんがおっしゃったように神仏分離を、段階的に時期差を考えながら研究していかなければならないと思いますが、神仏の分離が進められている段階で、当時の国家である明治維新政府は仏教に何を期待していて、それがどう変わっていくのか、ということを、上野さんと、できれば島薗さんにご意見を伺えればありがたいです。

上野

重要なご指摘をありがとうございます。史料（四月十日令）を読んでみますとたしかに「生業の道を失わず、ますます国家の御用に立つように」とあります。ただ、具体的にどのような御用なのかということは記されておりませんので、なかなか発令者の側の意図を直接知ることが難しいという状況です。この史料についていえば、政府のさまざまな命令をきちんと担えるように、というぐらいの意味なのだろうと思いますが、具体的な事柄についてては、やはり『法令全書』などをめくって考えてみなければならないと思います。

問題の史料からは離れますが、私がイメージしたことを付け加えますと、当時の全国的・一般的な認識としては、僧侶というのは葬祭・祈禱・宗門改などが重要な役割であったと思うのですが、例えば神葬祭になったりとか、後に氏子改が実施されたりすると、そのような役割は削減されていくだろうと思いました。

また一方で、人々を導くというか、説法をしたりすることも僧侶の役割なのですけれども、この点と関わって後に、僧侶も教導職《きょうどうしょく》に任じられて神職たちと一緒に教導を担うことなりますので、少し時期は違いますが国家の御用なのかなと感じた次第です。
あとは長州藩地域で申しますと、この四月十日令が出た頃の寺院がどういう状況にあったかというと、多くの寺院が軍事基地になっておりました。それで諸隊が駐屯して軍事調練をしたりということがありました。あるいは藩に金品を献納したり、お寺の梵鐘を献納して大砲に鋳直したりというようなことも行われておりました。また、僧侶たちも自ら隊を結成して軍事活動をしています。僧侶からなる隊が長州藩地域では二十以上確認できて、一〇〇人規模のものもあります。さらに、奇兵隊のように僧侶以外の隊があるのですが、そこに僧侶が参加するというケースもありました。山口県文書館所蔵の隊員名簿などをめくると、大体一三〇名くらいそういう人名を確認することもできます。ですから、その当時の僧侶や寺院が政府にどのように動員されていたのかということに注意しながら、勉強していきたいと思います。

島薗　長州藩の仏教僧侶はたいへん行動的で、尊王攘夷運動にも加わったこともありました。さっき木村さんのお話で薩摩と長州の違いが出てきましたけれども、薩摩のほうは国学が強くて、長州藩ももちろん尊王攘夷を非常に熱心にやりましたが、仏教の影響、特に西本願寺の影響が強いのでそれほど神道化しなかったと思うのです。ところが薩摩は神道化して、その影響もあって西南戦争にも向かいました。小川原正道さんの研究に書いてありますが（『近代日本の戦争と宗教』講談社選書メチエ、二〇一〇年）、実は西南戦争が起こっているときから西本願寺は長州藩と組んで、そのあとの布教の準備をしていたというのです。それでそのあと薩摩は浄土真宗が非常に多くなっています。北海道も浄土真宗が多く、曹洞宗も多いです、北海道は曹洞宗がもともと多かった東北と近いから曹洞宗が多いのは自然ですが、全国から浄土真宗の人は北海道へ出かけていきました。さっきの島地黙雷の評価とも関係するのですが、浄土真宗はたいへん行動的に近代国家へ貢献しようとしました。それが富国強兵という西洋諸国に負けずに日本を強い国にするというレベルになったときに、仏教はお国のため、今の引用文でいうと国家の御用、というところに向かったと思います。しかし本来は、仏教界には明治初期にもそういう運動や動きが一杯あって、これからの日本を仏教の理想に基づく国にするにはどうしたらいいか、何ができるか、というのもあったと思います。ですから国家の御用ではなくて国家を導く、あるいは国家に対して距離をとりながら、何が人間の生きる道でありふさわしい国家なのか、ということを提起できるかどうかということもあったと思います。

実は有馬実成《じつじょう》師は山口県の方ですよね。戦後に出た仏教界のたいへん立派な方に有馬実成という方がいて、シャンティという曹洞宗ボランティア会をつくられました。このような動きは社会あるいは国家に先駆けて、国家が進むべき道を示すような活動だったのではないかと思います。東日本大震災の災害支援でも仏教界は大いに活動されました。そしてそれはある種、社会に対して模範を示した役割があったと思います。これで仏教界に対する尊敬心が若い人たちの間にも芽生えたと思います。そのような動きが明治維新以後にもあったのですが、どちらかというと国家の御用のほうへ行ってしまったのではないかと思っております。

池田

その他にも具体的な質問が結構多いのですけれども、例えば「統廃合された寺の土地はどうなるのでしょうか」とありますが、上野さんどうでしょうか。

上野　統廃合されたお寺の土地がどうなるかといいますと、（寺地として存続するケースもある一方で）例えば公有地になったりですとか、それが転売されるようなケースも出てくるのではと思います。長州藩・山口県地域などの具体例については、今詳しく申し上げることができませんが、『山口県史』などでは（関連する）解説がなされていたと思います。

池田　「国家との関係で、仏教界の側から神仏分離に対する強い反発はなかったのでしょうか」という質問がきています。具体的によく知られている話では、越前護法一揆のような大規模な新政反対一揆も起きましたが、しかし「国家に対してなぜお寺などが少し弱腰だったのでしょうか。またお寺と権力者との構図はやはり、一般民衆にとって実は負担になっていたのではないか」、というようなご質問もあります。分離される以前にどういう地位にあったのか、神主さんはどういう立場にあったのか。あるいは今いいましたような権力とお寺との結びつきは、一般民衆にとってどうだったのかというご質問がきていますが、これについてはいかがでしょうか。

島薗

仏教界の反省としては、やはりこれからもっと社会のことにちゃんと対応できないといけないということで、例えば曹洞宗では大内青巒《せいらん》という人が出まして、在家の人をもっと巻き込むという動きが起こってきました。この動きはその後の近代の仏教の展開にとっても重要で、一般の人や檀家が離れていってしまうことに対して、どのようにもっと近づけていく方途があるだろうかという、大きな反応だったと思います。それから日蓮宗でいうと、もう僧侶には期待できないという在家主義の運動が出てきまして、田中智学《ちがく》という人がいまして、後に宮沢賢治もその流れに入ります。それは創価学会や霊友会にもつながってきて、いろんな形で神仏分離、廃仏毀釈の影響も受けながら、もっと社会に積極的にコミットしていける仏教、という考え方も出てきたのではないかと思います。

上野

私からも付け加えさせていただきますと、いわゆる改革派的な運動もありますし、それ以外の寺院や僧侶も、何もしなかったというわけではないと思います。政府から法令が出ていて、それに面と向かって反発するというのは、なかなか勝ち目もないですし、おそらくそれでは自分たちの利益をきちんと確保できないだろうということはわかったと思います。僧侶もかなり賢いというか、したたかですので、一見従うようにみえて、自分たちの利益が大きく損なわれることがないように、目立たないけれども粘り強い運動はやっていたと思います。

例えば、神仏分離ということで「このお寺の境内にある神の像をよそに移すなり、破却するなりせよ」といわれたときに、簡単には従わずに、「いや、これは神さまの像ではなくて、実は仏さまなのですよ」といって、新しい由緒を作ったりして守ろうとした動きがあります。それで当時の東京府との間で寺院が応酬しているような史料も残っておりますので、そういった目立ちにくいけれども、したたかな抵抗の動きもあったのではないかということです。

池田

最後に移りますが、戦後のことを特に気にかけていらっしゃる質問があります。「神仏分離はとりわけ戦後市民社会の育成にどういう影響を与えたのか、あるいは現在の日本の宗教状況をどのように考えればよいでしょうか。神社も寺院もクリスマスもハロウィンもあるという、どちらかというと習合的な状況が残っているのではないですか」、というご意見ですがどうでしょうか。

木村

では最後は僧籍のある私から。クリスマスやハロウィンを宗教儀礼と受け止めている人はほとんどいないのではないでしょうか。これらは宗教的意味合いが排除され形骸化しているからこそ成り立つ、いわば商業ベースに乗った民間行事といえます。一方で神社仏閣へのお参りや伝統的お祭りへの参加など、いろいろな宗教に違和感なく触れることができる日本人がたくさんいるのも事実です。神仏は分離されましたが神も仏も解体されたわけではなく、加えて宗教儀礼も多くは民間行事として引き続き行われてきました。ですから日本人の深層意識に習合的要素が受け継がれているのだろうと思います。

そして、戦後の新宗教に注目してみると、大きな勢力となっていくのは日蓮系、とりわけ在家を中心とする新しいタイプである霊友会や立正佼成会で、なかでも飛躍的に信者を獲得していったのが創価学会です。敗戦後の復興から経済成長へ大きく転換していく過程で都市化が進みますが、その狭間には地方出身者の貧困や病気などの現実的な苦しみにあえぐ姿があり、彼らへの救いを創価学会が担ってきました。その特徴は、神仏分離後に否定されることが多かった現世利益の積極的な肯定にあります。

神仏分離とあわせてもう一つ見落とせないのは、西洋近代仏教学の導入です。合理性を重んじる学問研究が主流になると、仏教が本来持っていた雄大な時間的・空間的な世界、前世や死後世界・浄土観などはだんだんと個々の心の内面へと収斂されていくことになります。そして多くの僧侶たちは、死後世界や魂の存在という極めて宗教的な核心部分を社会通念と単純に相対化してしまい、科学的合理性に欠けるから認めないという態度へと傾いていきます。その結果、最も宗教的な営みであるはずの葬儀や先祖供養の意義づけを自ら失わせてしまいました。昨今の葬儀不要論の大きな原因は、ここにあると受け止めています。もちろん霊感商法や前世の祟《たた》りという類の、いかがわしさへの慎重さを欠くことはできません。しかし、人間は何でも合理的に済まされるわけではありません。神聖なものや超自然科学的なものを信じたり、祈ったり、願ったりすることで安心するものでもあります。それが宗教の核心であり、どのような時代にあっても、それをはずさない宗教が民衆に必要とされてくるのではないだろうかと思っております。

池田

いろいろご意見いただきたいところですが、残念ながら時間がきてしまいました。おかげさまでいろいろな観点から論点を出していただき、また先生方にも誠実にお考えいただいたお答えをいただけたのではないかと思います。今日この場でいろいろ出たことを是非何かしらお持ち帰りいただいて、お役に立てば何よりと思います。先生方、またフロアの皆様、どうもありがとうございました。

総括

神仏分離をどう考えるか

池田勇太

池田勇太（いけだ　ゆうた）
一九七八年東京都生まれ。中央大学文学部卒業、東京大学大学院人文社会系研究科博士課程修了、博士（文学）。現在、山口大学人文学部准教授。主な研究領域は、日本近代史。主な著書に『福澤諭吉と大隈重信――洋学書生の幕末維新』（山川出版社、二〇一二年）、『維新変革と儒教的理想主義』（山川出版社、二〇一三年）など。

◇シンポジウムをうけて

いわゆる神仏分離を指示する法令が明治元年（一八六八）に出されてより、一五〇年が経ちました。明治維新期に行われた社寺をめぐる明治政府の政策は、廃仏毀釈に象徴される仏教の法難をもたらし、またいわゆる国家神道への道を開いたものとして知られています。しかし、一般に根付いたこのような語りでは、神仏分離という歴史事象を位置づけるには不十分であり、またそこから現代の私たちが得られる教訓も狭小なものにとどまってしまうように思われます。今回、シンポジウムというかたちで複数の視点から神仏分離の問題を取り上げて議論を行ったことで、この問いを深めていく手がかりがいくつか得られました。ここではそれらをもとに、若干の補足も含めて、改めて神仏分離を考えていくための種のようなものを、いくつか蒔いておきたいと思います。

◇前近代における神仏分離

まず、今後の議論の出発点として、神仏分離についての先入観から自由になることが重要と考えます。明治維新以前が神仏習合で、維新によって神仏分離した、というほど単純な話ではないという上野さんの言葉は、そのあたりを突いたものといえます。

近世において神仏はかなりの程度分離しており、宗派ごとの差異や地域ごとの違いも考慮すべきだという上野さんの指摘を踏まえるならば、真木さんの話にあった中世の本地垂迹説《ほんちすいじゃくせつ》が、神と仏との区別を前提としていることにも改めて意識が向きます。天照大神《あまてらすおおみかみ》が大日如来の化身だという論理は、両者の区別が前提になければ成り立ちません。延暦寺の僧侶が強訴《ごうそ》に日吉《ひえ》社の神輿を利用したことなども、神仏の使い分けがどのようになされていたのかを考えさせて興味深いところです。近世における神仏の分離状況の前提に、中世までの寺社関係があったわけです。つまり神仏の区別や混淆・習合について、あるいは寺院・僧侶と神社・社家との関係について、各時代における具体相や変遷こそが主たる問いであるべきで、その一環に明治維新における神仏分離も入ることになるでしょう。

また宗派の違いという点では、島薗さんが明治初年の事例として挙げたのが、牛頭天《ごずてん》王《のう》・東照大権現《ごんげん》・金毘羅・稲荷《いなり》・秋葉・八幡・修験《しゅげん》といった、神なのか仏なのか判然としがたい信仰対象であったことは示唆的です。これらを一方の極とすると、浄土真宗はその対極に位置していたようです。上野さんの説明によれば、浄土真宗は、施設も人も仏像も真宗の系列で統一的であったため、明治維新期に神仏分離の影響をさほど受けずに済んでいます。近世の萩藩内では真宗が最大宗派ですから、山口県の神仏分離の特徴を考える上でも考慮されるべき要素といえます。そうして、これら両極の間に諸宗派が入ることが想定できます。木村さんが事例に挙げた金谷天満宮社では、臨済宗の別当が置かれており、天神の本地仏とされた十一面観音像や仁王像などが臨済宗寺院に引き取られています。

このように、明治初年の神仏分離政策の対象を一律に見ることをせず、宗派ごとの違いに留意することで、明治維新期の神仏分離の着眼すべき点が、より明瞭になるのではないでしょうか。このことは、木村さんが山口県と鹿児島県の違いを例に挙げて話しているように、地域ごとの違いも含めて念頭に置いておくべき課題といえましょう。

◇神仏分離・廃仏毀釈・神道国教化

次に、明治維新期に起こった寺社をめぐる混乱のうち、神仏分離として見るべきものと、廃仏毀釈と、神道興隆あるいは国教化の試みとは、それぞれある程度弁別して語る必要があると考えます。

例えば現在山口市にある洞春《とうしゅん》寺は、毛利元就の菩提を弔う寺院として、維新以前は萩城内に置かれ、萩藩にとって最も重要な寺院の一つでしたが、明治二年（一八六九）に朝廷より毛利元就に豊栄《とよさか》神社の神号が贈られたことで、菩提寺はその価値を大きく減退させられました。毛利家に縁の深い他の寺院も、歴代藩主の祭祀が神式に切り替えられたため、同様の憂き目に遭っています（『洞春寺歴史資料仮目録』）。こうした現象は、神仏の分離というよりも、権力者が仏教から神道へ乗り換えた行為といえます。

廃仏毀釈についても、法難あるいは文化財破壊として語ってしまうとすべて一様に見えますが、明らかな廃仏毀釈と、結果的に寺院に被害をもたらした政策とは、区別しなければなりません。というのは、明治維新期に日本の仏教関係者がこうむった苦難のなかには、他の身分の人々とも類似した経験が存在し、また彼らを抑圧した諸政策は、必ずしも仏教への弾圧を目的として行われたともいえないからです。例えば山口藩では明治二年から社寺の統廃合が進められていますが、これは寺院だけでなく神社も対象となっており、一村一社を目安として整理されています（木京睦人「明治初期における神社秩序の形成」）。また、寺院の経済的基盤を大きく掘り崩した朱印地・除地《よけち》などの上知《あげち》についても、寺領限定ではなく、社領でも行われています。その意味では、神社もまた、苦難を受けていたといえるでしょう。

◇維新変革のなかで考える

このような社寺に対する上知や統廃合の政策は、武家支配の解体と並行して実施されていたことを理解しておかねばなりません。明治二年の版籍奉還とそれに続く諸藩の藩政改革では、大名領が返上されただけでなく武士の知行地が召し上げられ、代わって支給されるようになった家禄は、禄制改革で大幅に削られます。社寺領の上知や社寺の統廃合も、この延長線上に展開された政策といえます。諸大名が版籍を奉還し、知行地を持つ上級藩士たちも知行地を返上した以上、社寺ばかりが天皇の土地を私有することは認められず、また藩財政の上からも社寺の統合が行われました（山口県編『山口県史　史料編』近代1、第九章解説）。藩政改革と明治四年の廃藩置県を通じて、士族と卒の多くは家禄を削られたばかりでなく、職を失い、やがて身分的特権も失っていくことになります。寺院・神社が小さな領主であったことを念頭に置けば、社寺の統廃合や社寺領の上知などの政策は、近世の支配階層が解体されていく維新変革のなかの出来事だったといえるでしょう（もっとも、社寺領の上知は版籍奉還の延長線上に行われたとはいえ、両者を単純に同様のものということはできません。これについては林淳「社寺領上知令の影響」参照）。

なお、明治初年は神道興隆の諸政策がとられたことで神道側が優遇された面がありますが、それは必ずしも身分集団としての神職たちの優遇と同義ではなかったことも、留意しておきたいところです。福岡県では明治五年（一八七二）、国幣社《こくへいしゃ》に指定された神社の神職をいったんすべて免職し、新たに神職を任命しました。このため、かなりの数の神職が職を逐《お》われたばかりでなく、新たな神職には士族が多く任官されています（福岡市史編集委員会編『新修福岡市史』資料編近現代1　維新見聞記、六一六～六一七頁）。神道の担い手に、失職した士族たちが参入してきたのです。仏教・神道という看板ではなく、その実質を見ていくことも重要と考えます。

それから、戒律の観点から明治維新期の大きな変化について一言添えますと、明治五年四月に僧侶の肉食《にくじき》・妻帯《さいたい》・蓄髪《ちくはつ》および一般人同様の服装が認められたことも、重要な問題です。この法令は身分制度解体の一環といえますが、神仏を判然と分けることよりも、むしろ教義に直接関わる問題だったのではないでしょうか。

以上、あるいは的外れな意見もあったかと思いますが、神仏分離の問題を解きほぐしていくために、従来の先入観を一度相対化していくための視点を述べてきました。上野さんもいっている通り、これは廃仏毀釈を否定するものではなく、あくまでも相対化して認識するための議論であることを申し添えておきます。

◇王権と神仏分離

さて、それでは改めて神仏分離という問題について、どのような議論ができるでしょうか。ここでは今回のシンポジウムで語られた論点のなかから、王権との関係について、非力ながら言及してみます。

真木さんが神仏習合について、政治と神と仏の三者関係の問題であると述べたことは、神仏分離を考える上で重要な指摘であると考えます。本地垂迹説が古代における日本の劣等意識（地理的辺境性や末法思想などに基づくそれ）を逆転させた思想であり、仏の世界における神々の地位を飛躍的に上昇させ、天皇の権威を強化したという説明は、たいへん興味深いものでした。近代史の立場からみますと、神話によって基礎づけられていた王権が、神仏習合思想を通じて王権を基礎づける時空間を飛躍的に拡大し、国際的にも優越意識を持ちうるほどになったはずが、近代に入ると記紀神話に縮小退行したようにみえます。これは、明治維新によって皇室の表看板が仏教から神道に架け替えられたという理由だけでなく、より大きな変化として考えなければならないでしょう。

シンポジウムの討議では取り上げることができませんでしたが、当日会場で参加者の竹中幸史さん（山口大学人文学部教授・西洋史分野）よりいただいた質問用紙に、「明治期の神仏分離・廃仏の動きはフランス革命期の政府による非キリスト教運動との共通点が多い」という意見がありました。これは革命の比較史として近似の現象を見ていこうという提言だと思います。詳述する用意がありませんが、両者を比較したとき、例えば政教分離のあり方などが浮かび上がってくることが予想されます。近世フランスでは、キリスト教が王権を支えるとともに行政権力のなかにも深く入り込んでいて、革命では徹底したキリスト教排撃が行われました。日本の場合は、徳川幕府が国民の非キリスト教化に仏教を利用した寺請《てらうけ》制度があり、仏教は幕府の統制下に置かれていましたが、将軍権力を中世の王権仏授のように宗教的に粉飾したわけではありません。

◇世俗化の進行と政教分離

この背景には、宗教勢力の政治権力からの退潮だけでなく、近世日本における世俗化の進行とでもいうべき問題があると思われます。真木さんが最後に指摘した、須弥山《しゅみせん》世界観の動揺や大乗仏教批判が近世には起こっていますし（西村玲「近世仏教論」）、また島薗さんが討議のなかで述べた東アジア文明の大きな流れ――あの世よりも現世の秩序を重んじる儒教思想などの影響――も重要な視点といえます。つまり古代・中世に王権を支えていた神仏の世界観は、近世においては徳川の権力を正当化するほどの輝きを持っていなかったのだと思われます。

幕末政治が最終的に天皇を戴く勢力の勝利となり、明治以後のナショナリズムでは国体論が勢力を持ちます。明治初期の国体論には国学・神道勢力がかなり食い込んでいましたので、上野さんが説明したように、神道的な国家体制を明瞭にしていく目的から、皇室や神社を仏教と分離する政策がとられました。古代中世においては神仏習合が王権を強化したわけですが、明治維新においては神仏を分離することが王権の正当化につながると考えられたのです。

しかし、当初掲げられた祭政一致の試みは明治十年代には頓挫し、明治憲法の下で信教の自由が認められることになります。他方で、神社は宗教ではないと位置づけられ、やがて昭和期の右傾化を支える装置となりますので、このような不徹底な政教の分離を、安丸《やすまる》良夫さんのように「日本型政教分離」と呼ぶことも可能でしょう（安丸良夫『神々の明治維新』二〇〇八～二一一頁）。ただし実は、この問題は先ほどの世俗化の問題とも関わっているようです。

幕末から明治の知識層の多くは、仏教にも神道にも冷淡でした。彼らの信仰は強いていえば国家で、ナショナリズムでした。天皇の徳治を称賛し、天壌無窮を語り、人民の教化に神仏の力を利用しながらも、それらを信仰だとは意識していなかったのではないでしょうか。私見では、幕末期の武家では、政治と宗教との分離がある程度進行していたように見えます。もちろん政治権力は民衆教化に神仏を利用しますし、寺社に対し保護も寄進もします。儒学の影響を受けた政治も盛んだったわけですから、これを政教分離ということはできないかもしれません。しかし、実はこの程度の政治と宗教との距離感が、明治国家における「日本型政教分離」に続いていたのではないかと想像されます。

周知のように、明治憲法の公定解説書では、天皇の統治を説明するのに記紀神話を引いています（伊藤博文『帝国憲法義解』第一章第一条の解説）。ただし、それは記紀神話の世界観を受容したり、神道を信仰したりすることとは、直結していなかったと考えられます。私の研究している元田《もとだ》永孚《ながざね》という人は、教育勅語を起草した儒者で、神武天皇や仁徳天皇の事蹟を繰り返し明治天皇に進講した人ですが、彼が高天原《たかまがはら》や黄泉の国について語ったことはありません。彼は神武天皇以降のことは歴史として認識していました。地獄や極楽、須弥山世界観などは信じられなくても、神武天皇からの統治は歴史的事実と信じられたわけです。

先ほど、王権を支える思想が近代に入ると記紀神話に縮小退行したと述べましたが、記紀神話のなかでも、およそ政治上言及されるのは、天照大神が瓊瓊杵尊《ににぎのみこと》に伝えたいわゆる天壌無窮の神勅で、神々の世界ではありませんでした。神仏分離は神道の国教化を意図した政策の下に行われましたが、その産み落とした神社は世俗主義的な明治人にも非宗教として受け入れられ、明治国家的な政教分離の下に存在する道をたどるのです。

以上、きわめて雑駁な個人的見解を書いてみました。シンポジウムで出された多くの問題のうち、特に歴史に関わる一部の事柄しか言及することができませんでしたが、残された諸問題も含めて、本書を読まれた方々に何かしらの参考となれば幸いに存じます。

参考文献

・伊藤博文『憲法義解』(岩波書店、一九四〇年、原著は一八八九年)
・木京睦人「明治初期における神社秩序の形成」(『山口県史研究』六号、一九九八年)
・西村 玲「近世仏教論」(苅部直ほか編『日本思想史講座3 近世』ぺりかん社、二〇一二年)
・林 淳「社寺領上知令の影響──「境内」の明治維新」(岩田真美・桐原健真編『カミとホトケの幕末維新──交錯する宗教世界』法藏館、二〇一八年)
・福岡市史編集委員会編『新修福岡市史』資料編近現代1 維新見聞記(福岡市、二〇一二年)
・安丸良夫『神々の明治維新──神仏分離と廃仏毀釈』(岩波新書、一九七九年)
・山口県編『山口県史』史料編 近代1(山口県、二〇〇〇年)
・山口市教育委員会文化財保護課・山口大学人文学部日本史研究室編『洞春寺歴史資料仮目録』(山口市教育委員会文化財保護課、二〇一六年)

あとがき

三年前の冬の早朝、弊寺本堂前で手を合わせていた海潮寺・木村延崇師と邂逅。弊寺の現在地に常栄寺があった幕末、長州藩の重鎮として公武合体論を説くも、失脚により切腹した長井雅楽に親しくしていたとの理由により、常栄寺の祖溟西堂が攘夷派によって門前で斬殺され、高嶺神社の神罰として高札が掲げられ梟首になった。それを機に洞春寺と常栄寺が改名され、長州藩の戦没者行事も、仏式で行われていたものが、靖国神社へと続く神式の招魂祭へと移行したと説明したところ、海潮寺に長井雅楽の墓があると伺い、寺院の立場も大きく揺れ動いた幕末期の縁へと呼び覚まされるような思いを抱きました。

時あたかも、明治維新から数えて一五〇年を迎えようという時機。それは神仏分離令によって引き起こされた廃仏毀釈からも一五〇年。ちょうど大内氏歴史文化研究会による七年にわたって行われた洞春寺歴史資料調査を終えたばかりの報告書をめくりつつ、特に幕末から明治にかけての変動期に、弊寺はよく残ったものだとの実感。また一方で、長州は勤王僧が活躍し、明治初期の宗教政策にも携わった島地黙雷らを輩出した地でもあり、何かぼやけたままでなく、パラダイムシフトの要点をはっきりと見つめるべきではなかろうかとも思ったのです。『月刊住職』副主任の上野ちひろ氏に相談したところ、山口だからこそ、今、宗教者としてアピールすべきことがあるはずだと発破をかけられまして、山口市仏教団の吉川純真師にも後押しいただき、この機にあえて解散を選んだ山口県臨済宗連盟の賛同を得まして、神仏分離一五〇年シンポジウムを発起いたしました。

早速、宗派を超えて共有したいと願い、木村師に相談。以後は実行委員会の立ち上げから運営、そして講演録の出版に漕ぎ着けるまで、八面六臂で東奔西走いただきました。また、臨床宗教師会に所属する桝野統胤師のご縁から、上智大学の島薗進先生に基調講演をご快諾賜わりました。また弊寺の歴史資料調査等でお世話になりました山口大学人文学部の池田勇太先生に、パネリストの選定と交渉、およびシンポジウムの骨子を整えていただき、中世史を専攻される山口大学の真木隆行先生、および近世史を専門に研究される慶應義塾大学の上野大輔先生にも、ご快諾を賜わりました。そして高木智見人文学部長のご理解を得まして、山口大学人文学部と共催の運びとなりました。さらに、古典芸能を通じて

当日の会場の様子

当日演じられた落語「宗論」

視覚・聴覚からも神仏習合の名残りを捉えられるものにしたいとの思いから、山口鷺流狂言保存会様に「梟」の上演を依頼。また山口大学落語研究会こまつや紬様に、落語の「宗論」を演じていただきました。細かな打ち合わせには、大野泰生師、清成良知師、森江裕孝師にご協力賜わり、当日大勢でお手伝いいただきました山口県曹洞宗青年会様や、大本山建仁寺様をはじめ、多くの団体および法人による後援を得まして、盛況裡にシンポジウムを開催することができました。

講演録を作るにあたっては、先述の上野ちひろ氏に法藏館への端緒を依頼しました。研究者のみならず誰もが手に取って理解できるよう、各先生方に加筆修正をお願いし、さらに山口県立大学の稲田秀雄先生には、狂言を中心とした芸能についての玉稿を賜わりました。法藏館編集長の戸城三千代様、編集担当の丸山貴久様には、さまざまにアドバイスをいただきつつ上梓となりますこと、心より感謝申し上げます。

令和元年十二月二十八日

神仏分離一五〇年シンポジウム実行委員長・山口市臨済宗洞春寺住職

深野宗泉

神仏分離を問い直す

二〇二〇年 二 月一五日 初版第一刷発行
二〇二〇年一〇月三〇日 初版第二刷発行

編　者　神仏分離150年シンポジウム実行委員会
発行者　西村明高
発行所　株式会社　法藏館
京都市下京区正面通烏丸東入
郵便番号　六〇〇-八一五三
電話　〇七五-三四三-〇〇三〇（編集）
〇七五-三四三-五六五六（営業）

装幀　野田和浩
印刷　立生株式会社　製本　清水製本所

ISBN 978-4-8318-5562-6 C1021